学教学创新细节

罗彦东 ◎ 著

世界图书出版公司

图书在版编目(CIP)数据

数学教学创新细节 / 罗彦东著. -- 北京：世界图
书出版公司，2018.8

ISBN 978-7-5192-5018-8

Ⅰ．①数… Ⅱ．①罗… Ⅲ．①中学数学课－教学研究
－高中 Ⅳ．①G633.602

中国版本图书馆 CIP 数据核字(2018)第 180658 号

书　　　　名	数学教学创新细节
(汉语拼音)	SHUXUE JIAOXUE CHUANGXIN XIJIE
著　　　　者	罗彦东
总　策　划	吴　迪
责 任 编 辑	邰迪新
装 帧 设 计	刘　陶
出 版 发 行	世界图书出版公司长春有限公司
地　　　　址	吉林省长春市春城大街789号
邮　　　　编	130062
电　　　　话	0431-86805551(发行)　0431-86805562(编辑)
网　　　　址	http://www.wpcdb.com.cn
邮　　　　箱	DBSJ@163.com
经　　　　销	各地新华书店
印　　　　刷	农安县胜达印刷厂
开　　　　本	787 mm×1092 mm　1/16
印　　　　张	12
字　　　　数	190 千字
印　　　　数	1－3 000
版　　　　次	2018 年 8 月第 1 版　　2018 年 8 月第 1 次印刷
国 际 书 号	ISBN 978-7-5192-5018-8
定　　　　价	45.00 元

顾问委员会

主　任：梁国超
委　员：张茂金　　杜　影　　崔国涛　　单联成
　　　　曲　虹　　王满旭　　张洪波　　王淑琴
　　　　朱　峰

丛书编委会

主　编：张洪波
副主编：王淑琴　宋剑锋
编　委：高贤美　　崔　瑜　　邹凤英　　赵景军
　　　　辛　枫　　陈寿福　　郝　伟　　张继会
　　　　王常伟　　李文茸　　陈晓娟　　朱艳秋
　　　　刘　俐　　杜晓明　　孙玉环　　冷宏伟
　　　　王　惠　　谭　清　　关爱民　　张广博
　　　　刘彦平　　杨秀艳　　李　杰　　张　玲
　　　　李　晗　　王　双　　黄　娟

丛 书 序

长春教坛，群星璀璨。

《中国教育专家领航系列丛书》的推出，正值全国上下深入学习贯彻党的十九大精神、习近平新时代中国特色社会主义思想之际，打造教育家型教师是办好人民满意教育的一项重要举措；《中国教育专家领航系列丛书》的推出，是对优先发展教育事业、人才先行的有力诠释；《中国教育专家领航系列丛书》的推出，为长春教育在建设东北亚区域性教育中心的征途上添上了浓墨重彩的一笔。

所谓大学者，非谓有大楼之谓也，有大师之谓也。教育事业的发展离不开一批德才兼备的优秀教师，专家型教师是教育事业改革与创新的不竭动力，是教育攻坚的核心力量，是培养造就高端教育人才的重要保障。多年来，长春市把全面加强教师队伍建设作为一项重大政治任务和根本性民生工程切实抓紧抓好，遵循教师培养规律，十分重视专家型教师的打造。《中国教育专家领航系列丛书》选取了在长春教育一线工作，有教育情怀、有教育思想、有教育业绩，在全国有较大影响力的专家型教师，系统地诠释他们的教育主张、教学风格、教育智慧以及在教育教学中的学术成果，旨在宣传教育家型教师事迹，反映教育家型教师成长，推广教育家型教师经验，进而感召广大教师，引领其专业成长，推动教育事业的发展。

期望教育家型教师成长的轨迹能唤起更多的一线教师在教育教学实践中感受教育教学的精髓，养成探索的思想态势和创新的精神境界，希望本丛书能为中国教师领跑，为中国教育领航。

唯愿，一树花开满庭芳。

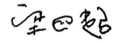

2018 年 5 月

目　录

德育篇

教学篇

本篇共四章。每章均结合笔者教学实践中的具体课堂案例，进行详细分析和思考，给出若干教学技能、技巧和教学主张与大家交流。

教学主张：

好的数学课，应该让学生的能力培养不再虚无缥缈。

核心素养教育的命门，在于能力的提升和好的品格习惯的养成。

教学主张：

数学课的精彩，在于学生对知识的准确掌握、能力的有效提升、优秀品格的练成。

没有精心设计的教学，犹如战场上的一场遭遇战——仓促应战，常留遗憾。

教学主张：

数学课要让学生掌握数学的研究方法、感悟数学研究的思想特色。

要做到这一点，并不轻松，教师要率先熟练掌握数学的研究通法。

教学主张：

数学课堂，原本就是思索的课堂、体验的课堂。

有数学味的数学课，使得学生学会了思索。

数学解题的快乐，源自不懈的探索和亲身体验。

教学主张：

数学解题的秘诀在于用联系的眼光看问题。

具体分析题意要用好图形手段和数学建模思想。

教学主张：

教研，是教师最具魅力的习惯，也是教师储蓄力量的源泉。学生的数学学习，需要教师的指导，考试也同样需要指导，高中教师要做高考指导的行家里手。

第一章 能力培养的新路径

第一节 激活能力的生长点

【题记】

把能力培养作为课堂教学的重要目标已经达成共识，但由于能力培养不像知识学习那样具体直接，所以在学习中培养学生的能力成了教学的难点。能力目标达成与否也不易测量，因为能力具有抽象性。笔者认为，教学是时时刻刻都在培养能力的工作，只是没有明确化、系统化；在数学学习过程中，培养能力的提升是有路径可寻的。

新课程核心素养理念下的教学，注重培养学生个性品格和能力。如何在数学课堂教学中落实这一理念是关键，笔者结合教学实际做了一些探索，把相关的观点提出来与大家交流，旨在探索出能力培养的教学实用路径。

一、问题的提出

新课程标准强调数学思维能力在形成理性思维中的独特作用，指出"高中数学课程应注重提高学生的数学思维能力，这是数学教育的基本目标之一"，但在目前的数学课堂教学中，教师在帮助学生理解和掌握数学基础知识与基本技能方面，探索得比较深入，做得比较到位。在能力培养方面，往往教学目标不明确，措施不够有效，甚至教学设计中很少有能力培养计划，教学过程中也较多地关注数学知识的讲授，忽视能力的培养与提升，使得数学能力培养处于低效的教学状态，这直接影响了学生能力培养目标的达成。

究其原因，笔者认为一个重要原因是三维目标中的"知识与技能"目标凸显且具体，而"过程与方法、情感态度价值观"部分里的"知识"等目标隐晦又抽象，使得能力目标不便于操控，加之能力的培养又以知识学习为载体，有的教师认为知识学习好了，技能养成了，数学能力就会自然提高。实际上，这样的想法指导的教学，能力培养效率低、层次浅。另一个原因就是在如何培养学生数学能力上不得其法，采取的培养途径和教学措施不明确。有的教师甚至没有弄清数学解题技能与数学能力之间的内在关系，导致每一节课或每一知识单元的能力培养被记忆数学公式、解数学题等活动所代替了。

二、问题的分析

从知识与能力的关系看，知识学习与能力养成是一个统一体，知识的积累是能力发展的前提，能力可以在知识的学习过程中得到提升，有了能力尤其是理性思维能力，数学知识的学习就变得轻松了，因此教师要在教学中把培养能力作为教学的一个重点，有意识地培养包括新课程标准中所规定的空间想象能力、抽象概括能力、推理论证能力、运算求解能力、数据处理能力、应用意识与创新意识共七种能力。培养这些数学能力，关键是要有具体可行的课堂教学措施。一般地说，应让学生在数学知识的学习中，多经历观察、发现、思考、分析、抽象与概括等思维活动，但就每一节课或某一个知识单元的学习而言，应该有重点地培养学生某些方面的数学能力，如空间立体几何的学习，可主要培养空间想象能力与推理论证能力，函数单元可重点培养数据处理能力、运算求解能力、应用意识、创新意识等。

在教学过程中，每一节课的能力培养目标要想落实到位，就应该结合学生已具备的能力基础和该节课的知识特点，探寻这节课的能力培养切入点及能力发展路线，从而制订明确的能力培养目标，并在教学实施过程中，有意识地调控教学适时激活能力生长点，让学生思维活动围绕着能力发展这根主线动起来，这样才能使能力培养与知识学习实现双赢。

三、问题探究的结论

运用激活能力生长点的教学策略来培养学生的数学能力，基本流程是：确定能力培养目标。在每一节课备课时，既要研究知识的来龙去脉，又要注意梳理出伴随知识发生发展过程中思维能力活动的路线图，确定该节课的具体的能力培养目标。制订能力培养计划。根据学生知识基础与能力水平，确定本节课的能力生长点，制订具体的能力培养计划。实施计划，激活能力生长点。在教学过程中按着预设计划适时激活能力生长点，开展学习探究活动，使课堂活动沿着能力发展路线图实施能力培养计划。达成计划，引导与调控。在关注学生对知识理解的同时，注意学生的思维发展情况，根据能力培养目标有意识地启动思维、引导思维、活化思维，使学生的数学思维能力的培养目标得以实现。

下面结合笔者的实际教学案例，说明探寻与激活能力生长点的实施方法和注意的问题。

（一）注意研究知识体系的思维特点，在数学概念的形成过程中寻找能力生长点

案例 1—1　立体几何中《空间几何体的结构》的教学

第一，应明确课标对立体几何单元的能力要求，主要强调了要"培养和发展学生的空间想象能力、推理论证能力、运用图形语言进行交流的能力以及几何直观能力"，新课标教材的一个重大变化就是改变了以往经典立体几何体系的以演绎推理为主的思路，强调了空间想象能力的培养。为此，教材用了大量篇幅展示实物图片、几何体模型、几何体图形、几何体结构图等；"定理证明"的一个作用变为印证或强化空间想象的结果的正确性，不在纠缠于点线面位置关系的一些证明上；有些定量化的问题，如各种空间角和距离，变为用空间向量来计算。这样的安排就是削枝强干、突出空间想象能力的培养。培养路线图"实物→识图→画图→想图→用图→变图→空间想象力"。

第二，研究该节课《空间几何体的结构》的教材编写意图，明确知识体系是让学生在感受空间实物和模型的基础上，概括出七种简单几何体的结构特征，梳理出该节课的能力培养目标是空间想象能力和抽象概括能力。围绕空间想象能力的培养，确定该节课《空间几何体的结构》的能力发展路线图"观察→感知→分析→概括"，进而达成空间想象能力和抽象概括能力的培养。

第三，确定该节课《空间几何体的结构》的能力生长点，由能力发展路线图可以看出，观察实物与感受几何体是空间想象力与抽象概括的基础。学生可以在观察实物及模型中熟悉几何体，引发兴趣，因此，学生对实物的"观察、感知"就是该节课的能力生长点。

第四，制订该节课《空间几何体的结构》的能力培养计划。第一步是要给学生大量时间和机会去对实际物体进行观察，教师在教学中要准备大量教具，并在指导学生"如何观察"上下功夫。第二步是在课堂上鼓励学生与学生之间做观察方法的交流，安排一些教师与学生互动的环节，与学生交流观察的角度不同，或观察的方位不同，可得到不同的观察视觉效果；以"观察的错觉在魔术中的应用"为素材进行趣味教学等，使学生不至于因观察能力不够而输在立体几何学习的起跑线上。第三步是让学生在观察几何体基础上，谈观察的感受，试着概括出七种几何体的结构特征，展示空间想象能力和概括能力的发展成果。

第五，实施能力培养计划，用大量时间让学生观察和比较，让学生归类说明特征，进而实现让学生抽象概括几何体结构特征的教学目标。在实际教学中，有的教师以课时不够或教具少等理由，把学生观察这个激活能力生长点的重要环节一带而过，或用电脑课件演示一下就匆忙地给出七种几何体的定义，接着用大量时间让学生背诵柱、锥、台、球的概念，记忆几何体结构特征以及做习题。这样的教学使得学生感觉枯燥乏味，没有兴趣，思维处于简单记忆理解的低层次，就偏离了能力培养目标。

立体几何的后续课，每节课都可以确定一个符合该节内容的能力培养生长点。如《空间几何体的三视图》的教学能力培养目标仍然是空间想象能力，能力生长点可确定为：由实物到画出三视图的"画图"与"识图"活动。能力发展路线图为："几何体→三视图，三视图→实物"。前者是画图过程，后者是识图过程，"画图"是"识图"的基础。这节课要给出充裕时间让学生动手画图，给出空间让学生之间进行画图技术的交流，给出机会让学生对画出的三视图进行成果展示，由此激活空间想象力的能力生长点。实际上，由几何体到三视图，以及给出三视图想象原几何体，这里渗透了把立体几何问题平面化的转化思想，从这个角度说，画出三视图是一种技能，也是一种思想。

由本案例可见，在概念课教学中，培养学生能力，就要挖掘数学概念形成过程中的思维主线索，再找到这条思维主线索的起点，这个起点往往就是数学能力的生长点。

（二）注意探究数学公式的前因后果，在数学方法的根源处寻找能力生长点

案例 1—2　《等差数列前 n 项和公式》的教学

教材的安排是利用高斯的"$1+2+\cdots+100=?$"的故事引入数列求和的情境，再把等差数列求和问题与之类比，运用"倒序相加"的方法导出等差数列前 n 项和公式，接着就是运用公式解题。实际讲授这节课时，往往变成了模仿高斯的"倒序相加法"教条地教学，学生在指定的路线上"简单模仿"，思维处于低水平的抑制状态，不能很好地达到高效课堂的效果。

运用寻找能力生长点的教学策略，可做如下教学处理：

第一，确定知识与能力目标，该节课的知识目标是掌握等差数列前 n 项和公式及其简单应用；能力培养目标是通过观察、类比、推广等思维活动，创造性地探索公式的推导方法，培养学生创新意识和推理论证能力。

第二，确定该节课的思维活动路线图：分析特点→探究求和→推导公式，即依据等差数列特点，探究等差数列求和的可能思路，如"倒序相加法""数学归纳法"等，从而创造性地推导等差数列前 n 项和公式。

第三，确定该节课的能力生长点，由思维活动路线图可知，让学生依据等差数列特点探究等差数列求和的各种可能思路，应是该节课的重点内容，这样就确定了该节课的能力生长点是"探究"，即利用等差数列的等差规律探究等差数列的各种求和方法。

第四，教学实施，在课堂教学过程中，给学生比较充裕的时间，让他们独立思考、合作交流，直到通过自主探究得出各种等差数列求和方法。教师则围绕"探究→推导"这条思维能力的生长主线，指导学生探究活动。首先教师可提出疑问"高斯可能看到由 1 到 100 连续自然数相加的什么特点想出来这种方法的？"点燃思维火花，激发学生们的求知欲，可得出多种合理猜想，如凑成常数列使加法变得简单的想法，即把各项凑成常数数列的想法，由于 $1+2+\cdots+100$ 中各个被加数有很强的规律，如何利用这个规律成为思考的重点。若把和式每项取出 1，共 100 个 1，相加得 100，接下来就是 99 个 1 相加得 99，以此类推，得到 $100+99+\cdots+3+2+1$，最后对应项相加，各项都是 101，是同一个常数，共 100 项，这样就自然地得到倒序相加的求和方法。教师接着提出："哪些数列适合用倒序相加法求和"，把学生思维活动引向抽象概括能力的提升。

第五，教师在学生充分探究基础上，可做思维能力的拔高点拨，指出一般数学公式追求的一些朴素思想，如数学公式的简约化、模型化、特殊化与普适性等数学思想，并指出数学公式推导过程中必不可少的手段是适当变形、巧妙构造等数学技巧与技能。这样来处理该节课，学生的收获不仅在于掌握等差数列求和公式，更重要的是学会了数列求和的一般思路和数学规则，培养能力的目标才能落实到位，为后续课等比数列求和公式推导做出了示范。

讲授数学公式课时，有的教师比较注意公式的推导过程和公式的运用，忽视在公式推证前的一些重要环节，学生感觉"公式来得突然了些"。在数学公式学习中，学生的收获往往停留在记忆公式和套用公式的低层次水平上，能力培养也仅仅在解题技能的机械模仿的层面。公式虽然是教条的，但研究公式的思维应该是活跃的，公式推导中应该让思维处于发散、灵活的机智状态中。把公式教学的重心前移，探索公式的背景、公式的来源、公式的各种证明方法、公式的适用范围等，使数学公式来得更有道理些，应该挖掘数学公式形成过程中隐涵的思维线索，这个线索的关键性思维活动点，就可以设计成我们公式教学中能力培养的生长点。

（三）注意探寻数学知识生成过程中的科研方法，从中找到能力生长点

案例 1—3　《数列的概念与简单表示》的教学

数列一章的知识路径是先通过对一般数列的研究，进而对等差数列和等比数列两类特殊数列进行研究，能力发展路径是着重培养学生的推理探究、猜想与证明的能力。

该节课《数列的概念与简单表示》作为数列研究的起始课，在给出数列概念之前，教师应该探究数列的研究是如何兴起的，又是如何发展和逐步形成数列理论的，进而从中找到数列研究的"思维发展路线图"及其起点，这从数学史料上可以得到回答。事实上，数列研究起源于生产生活中的计数需要，古希腊毕达哥拉斯学派的数学家们是在沙滩上画点或用小石子表示数进行数列研究的，教材就是在讲述研究"三角形数""正方形数"基础上给出数列概念的，这一过程可以较好地培养学生的列举推理能力，因而该节课的能力生长点可以确定为对具体数列进行观察、猜测、归纳、论证，培养数列的研究能力。该节课的能力生长点就是把数列各项依次列举出来，进行观察，猜想数列的规律，这就是数列研究的基本方法。

在教学中，要用大量时间让学生进行如自主动手列举、自主观察、自主归纳等一系列思维活动，从而达到提升"列举推理能力"的目的。教师重点指导观察，比如指导学生观察数列的项与序号间的项的函数关系、项与项的递推规律和大小变化规律等。

（四）习题课教学中展示对问题思考的全过程，在探求解题途径中找到能力的生长点

通常教师讲题都是事先准备好的"成功思路"，极少有教师展示"失败的探索"，重视了解法的介绍，缺少了"此题该如何想？还能怎么解？"的分析过程，这样的习题课教学，学生思维处在简单记忆模仿层面，能力培养的效果就大打折扣了。笔者认为，在解题教学中，不妨把探索解题途径的整个过程，包括行不通的思路，都展示给学生，"展示思维全过程"就是习题课的能力生长点。

案例 1—4　《双变量条件最值问题习题课》的教学

例题 1—1　对于 $c>0$，当非零实数 a，b 满足 $4a^2-2ab+4b^2-c=0$，且使 $|2a+b|$ 最大时，求 $\dfrac{3}{a}-\dfrac{4}{b}+\dfrac{5}{c}$ 的最小值。

教师在讲解本题时应该注意思维能力的培养，展示解题途径的探索过程。

【思路 1】本题含多个字母，题意不好理解，最难点是"使 $|2a+b|$ 最大"的条件是什么难以发现，围绕"绝对值"想到用"绝对值定义"加以讨论，但与等式 $4a^2-2ab+4b^2-c=0$ 没有明显关系，思路受阻，探索失败。这时学生的思维受到认知冲突的刺激，处于激活状态，发散思维开始启动，就有了"还有什么思路？"的探索欲望。

【思路 2】看到 $|2a+b|$ 还能想到什么？因为等式 $4a^2-2ab+4b^2-c=0$ 是二次的关系式，就有了"把绝对值平方"的思路了，探索成功。学生的思路打开了，接着就会向纵深发展。

【思路 3】看到 $|2a+b|$ 还能想到什么？若想到"点到直线的距离"公式，与等式 $4a^2-2ab+4b^2-c=0$ 是二次曲线就有联系了，就有了转化为圆，利用几何意义解题的思路了。

最后，把激活的思维向理性思维延伸，和学生一起总结"探索失败和成功的原因"，发现含绝对值的双变量条件最值问题的一般解法，就是把两个条件式的次数变为同次时，便于解题，而【思路 1】的讨论法没有出现二次项无法沟通两个条件的关系。进一步探究，发现转化与构造是这类问题的通法，这样围绕思维发展展开习题课教学，高效地促进了能力的养成。

一般来说，在能力立意观点下的习题课教学中，有许多方面都能作为能力的生长点，如解题开始时理解题意的环节，把题中条件用示意图法、表格法等表示出来从而激活思维，这些都可作为思维的起点，就是能力培养的生长点；再如探寻解题思路的逆向推导法、特殊化法、数形结合法、命题等价转化法等，每种方法都是启迪思维，活化能力的生长点。此外，面对一道数学题，一时没有解题思路时，能围绕这个问题不断地琢磨而不是轻易放弃它，就是解题欲望被激活的表现，是耐力与严谨等心理品质提升的生长点。

四、总结与注意事项

在课堂上如何有效地激活学生的理性思维，使能力培养有具体措施是个值得深入探究的课题，笔者提出的"探寻和利用能力生长点来进行教学"的观点，就是把思维能力的培养作为一条教学明线，把激活能力生长点作为教学设计的重点，并在课堂教学过程中一直关注能力的发展与提升，这实际上提高了对教学目标的要求，真正使得数学知识的学习成了数学能力培养的载体，在实践中已经取得了一定成果，课堂上学生的思维参与度提高了，分析问题和解决问题的能力增强了。

在实施激活与利用能力生长点的教学中，还应注意从更广泛的视野寻找能力生长点。比如，在教法上讲究课堂引入，在每一节课的引入时就有效地激活能力生长点激发求知欲。在课堂用语上改变"问的方式"，可以发散地问、反过来问、结论不确定地问、征求意见式地问，或设计与该节课相关的有悬念的问题或数学史趣味故事等，会极大地调动学生学习的兴趣。总之，要不断地探索具体适用的能力培养措施，使课堂教学中能力培养的效果达到高效。

第二节　强化数学意识

【题记】···

核心素养的出发点是培养全面发展的人。发展学生的核心素养，主要是养成学生的行为品格和诸多能力等，主要包括自我管理、文化修养、社会参与等三个方面。影响核心素养养成的因素比较复杂，但它的一个重要表现就是能力水平。因此，仅就学生课堂学习过程而言，教师会起到一定作用，在学习中，应积极探索学生行为养成和能力培养的有效途径，这是一项重要策略。本节针对当前学生数学意识薄弱的教育教学现状，从课堂教学的层面，笔者提出强化数学意识的几项策略，调整教学使学生主动参与数学，体验数学方法，运用数学及培养数学思维和学会数学反思。

数学意识是指学生面对各种问题时，能够从数学的角度去认识问题、理解问题，以及分析问题、思考问题与解决问题的心理活动能力。数学意识是在数学问题解决的过程中建立并形成的学生自身的内在能力，它可以通过课堂教学由教师有意识地培养出来。新课程标准对数学意识的培养有明确要求，指出"使学生的数学能力得到发展，要让学生学会数学地思考问题，强化数学意识"。这就要求教师在教学过程中探索如何把数学思想和方法渗透其中，探究如何强化学生的数学思考、数学理解、数学应用等数学意识。

一、理顺知识体系与教学关系，激励学生主动参与数学过程

数学意识的培养，首先要使学生对数学了解，并感受数学魅力，从而引起兴趣。兴趣是推动学生学习的一种最实际的内部驱动力，是学生学习积极性中最现实、最活跃的心理成分。学生一旦对学习发生了兴趣，就会在大脑中形成优势兴奋中心，促使各处感官，包括大脑处于最活跃状态，引起对学习的高度注意，从而为参与学习提供最佳的心理准备。

例如，在讲《充要条件》这节内容时，笔者给出这样一个题目。

例题1—2 若 p：$|3x-4|>2$，q：$1/(x^2-x-2)>0$，则 $\neg p$ 是 $\neg q$ 的什么条件？

课前，笔者准备好了这道题的两种相互矛盾的解法：

【解法1】先由 p：$|3x-4|>2$，得 $\neg p=\{x\mid 2/3\leqslant x\leqslant 2\}$，由 $q=\{x\mid x>2$ 或 $x<-1\}$，得 $\neg q=\{x\mid -1\leqslant x\leqslant 2\}$，$\therefore \neg p\subseteq\neg q$，$\therefore \neg p$ 是 $\neg q$ 的充分而非必要条件。

【解法2】$\because q$：$1/(x^2-x-2)>0$，$\therefore \neg q$：$1/(x^2-x-2)\leqslant 0$，即 $x^2-x-2<0$，$\therefore \neg q=\{x\mid -1<x<2\}$，由 p：$|3x-4|>2$，得 $\neg p=$

$\{x \mid 2/3 \leqslant x \leqslant 2\}$，由于此时 ¬$p$ 与 ¬q 互不包含，故"¬p"是"¬q"的既不充分也不必要条件。

殊途不同归，两种解法似乎都无懈可击。笔者向学生提出这个疑问，立即引起了学生们的注意，并自觉动手探究和讨论起来。虽然这节课"浪费"了一些时间，但经过学生们自己亲身体验得出的结论，不仅可以澄清该问题，而且在参与中增长了数学技能。原来【解法2】错在求"¬q"时漏掉了"$x^2 - x - 2 = 0$"，导致否定不彻底，因为"q"中包含着"分式有意义，分母不为零"这个隐含条件，其否定应有分母为零。教学如果就此停下来还是可惜，应进一步挖掘，得出这节课《充要条件》的概念的本质，以及判断"充要条件"的思考通法：（1）解题时应注意挖掘隐含条件；（2）正确求出"¬q"及"¬p"；（3）依定义得出"推出⇒"关系。再探索从数学思维的层面得到数学意识（解题品质及思考品质等）的升华，从"简易逻辑""集合""等价命题""充要条件"的交叉点上来思考，即从等价命题的关系看"充要条件"，"若 p 则 q"⇔"若¬q 则¬p"；从否定的意义看"充要条件"，先求"¬q"及"¬p"；从集合的关系看"充要条件"，先求"¬q""¬p"集合间的关系；从充要条件的定义看"充要条件"，论证"推出⇒"关系是关键。

教师要处理好知识体系与教学的关系。一般地讲，数学有其一套固有的严密的逻辑的知识体系，是美丽而冰冷的高度概括又应用广泛的科学，学生们常常被其抽象性、复杂性而吓倒或敬而远之。数学教学的重要目标就是集合教师学生和知识，理顺学生和知识之间的通路，创设和谐的教学体系。

教师在教学体系中所担任的角色就是要研究学生的认知基础和认知规律，要讲究如何结合知识材料设计教学情境，激发学生探索欲并架设探索阶梯，创设和谐课堂环境。浓厚的学习兴趣是促使学生参与学习的前提。这样就会使学生在参与数学过程的学习中体会数学的魅力，并为形成他们的数学意识打下良好基础。

二、开放教学过程，在探究中体验数学方法

在课堂教学中，要开放教学过程和教学思想，通过各种途径创设与教学有关的，使学生感到真实、新奇、有趣的教学情境，形成学生"心求通而未得"的心态，产生跃跃欲试的探索意识。根据教材特点和学生心理，

教学中应创设愉悦的教学情境，寓教于趣。例如，讲"等比数列前 n 项和"的公式时，若逐一相加，则计算繁难，便想寻求简便方法，这时可以引入"求和公式"。这样引入新课，能集中学生的注意力，诱发学习动机，使学生积极探索，体验数学的过程，掌握数学方法。

在教学中，要重视学习方法的指导与培养。在引导学生掌握知识的同时，要引导学生把自己的学习也作为认识的对象，理解、总结自己学习的过程，掌握学习的方法和解题的策略，让学生学会阅读、学会观察、学会操作、学会思考，形成能力。课程理念下的教学是使学生在获得知识的同时，开发学生的智力，培养学生的技能，而探究式学习是实现这一教学目标的有效途径。教学中关键是如何把握好探究的时机，使学生自然地进入主动探索的天地，而不是教师让他们被动地去探究。数学课堂只有真正实行探究式教学，数学意识的培养才算真正落实到课堂教学中。

启发与引导学生自觉运用数学，在应用中建立数学意识。数学知识一个显著特点是严密的逻辑性和高度的抽象性，这就要求教师在教学中，必须加强学生动手操作能力的培养，指导学生学会操作。首先，操作要围绕教学目标进行；其次，要指导操作过程，明确程序；最后，操作要同观察、思维、语言表达有机结合，这样才能促进感知有效地转化为内部的智力活动，更好地理解知识的本质含义。

现代数学课堂教学，关注学生生活，强调体验性学习。根据心理学研究，学生认识规律一般为"动作、感知—表象—概念"。而高中生的思维特点是以具体形象思维为主要形式，同时还保留着直观动作思维的形式。因此，在教学中，必须从学生的年龄特点出发，遵循学生认识规律，依据教材，引导学生实际观察、操作，用多种感官参加学习，这样可以使学生比较容易理解所学知识。例如，在函数教学中，可结合"出租车计价器""饮料瓶体积与用料及便于运输包装"等生活中常见问题，让学生在问题解决中体验数学的应用价值。

除了实际生产生活中的数学应用外，在教学过程中，应用数学的一个重要方面是解数学题和数学地思考问题。其中应建立并强化的数学意识的主要表现为：（1）预见意识，即解题时能预想可能出现的结果及解决问题的可能性，是抉择一项数学活动是否继续进行的判断，它贯穿一切数学问题的全过程。比如对"双变量条件式"的最值问题的求法，应预见"消元""转化""数形结合"等方法。此外，方程思想、函数思想、化归思想等都是解题中常用的数学思想。又如：在不等式教学中，用等价转化等方法解证不等式问题时，也是体验数学"预见意识"的良好题材。（2）整体意识，即把问题的全部相关对象视为数学对象的一个整体去分析和思考。（3）化归意识，就是转化思想。（4）探究意识和创新意识。其中的数学方法有类比、归纳、猜想、分析和综合等。这些数学意识，在智力活动中具有动力、调节、策略的效能，为智力因素的发挥提供思想方法的支持和指导，对问题解决起到至关重要的作用，在课堂教学中教师应有意识地加以强化和训练。

三、调整教学中师生思维差异，在合作学习中培养数学思维方法

传统教学是师问生答，思路是在教师限定的框架里，学生处于被动的状态，课堂未能体现主体性。现代教学要求善于创设问题情境，让学生在教师提供的新知背景中，积极思维，激发学生寻根问底的心理倾向，产生自发探索、思考、讨论、解决问题的欲望，产生认知冲突。

教师教的思维是以教师所能考虑到的相对周密的思维来引导学生的思维，具有一定的局限性、封闭性、僵化性、教条性和经验性，而学生的学习思维经常是处于本原性的、跳跃性的、创造性的，以至无依据性的。这种教师与学生思维上的落差，就会表现在课堂上的教师预设的思维与学生思维间的碰撞，导致学生学习积极性受阻。

师生合作学习、探究学习等新理念下的教学，会改善师生思维差异的负面影响，也会扩大学生之间的信息交流与资源共享，使课堂中思维处于通畅、开放状态，这样的教学有利于培养数学能力，提高思维品质。在教学中，应更多地从学生角度设计教学情景，从学生角度提出问题，从学生角度去分析问题，使师生数学意识处在可共同活动的平台上。

四、剖析数学本质，养成教与学的反思习惯，在研究中强化数学意识

数学意识也含有反思意识。教师反思自己的教学可提高教学品位，现代教学下，只会教学的教师不是全面的教师，教学与科研必须并重，而反思可以使教师在教学实践中发现问题，分析问题，研究问题。比如：在教学过程中坚持做"课堂实录""教后记""优秀问题集"，随时记录教学中

的成功与失败，分析当时的情境，总结原因，不放过"学生提出过的问题"，不放过"学习中的新感受、新体会及想到的问题"，不放过"教师间研究和交流的问题"等，处处留心皆学问。积累这些教学中的生动的素材、鲜活的个案、放射状的问题信息，构成了教学研究的丰富资源，作为第一手资料，是十分宝贵的。这些材料是写好论文、做好课题研究的基础。

学生反思数学的学习方法，可高效地学习数学知识并使数学技能的应用更加得心应手。学生的数学反思包括学习后反思、解题后反思、阶段性反思等，学生的自觉反思，可以梳理已有知识并发现自己在知识构建中的不足，更重要的是能够有效地提高数学修养，使数学意识的发挥处于自觉的状态。在课堂教学中要经常性地引领学生反思和剖析数学的本质，在研究中强化数学意识，并养成教与学的反思习惯。

综上所述，在课堂教学中，培养和强化学生的数学意识，教师首先应该有努力培养数学意识的教学思想，并且在教学活动中，要依据教学实际灵活调整教学过程，避免一言堂。要多在课堂上发现学生的想法，多用学生的思维来思考，应随时注意捕捉和珍视学生的思维生长点并因势利导，充分发挥学生在学习过程中的主动性、积极性和创造性，变学生的被动学习为主动参与。把数学思想和方法渗透在知识探索和学习的教学之中，运用多种有效的现代教学方法及多媒体教学技术激励学生主动参与数学过程，倡导探究式学习，体验数学方法和数学过程，这样的教学才有利于强化学生的数学思考、数学理解、数学应用等数学意识。

第三节　让数学课的预设与生成共精彩

【题记】

课堂教学应是"预设"和"生成"的有机统一体，在核心素养理念下，课堂教学倡导的是师生交往、积极互动、素养发展的活动过程。它不仅是动态生成的，同时也应是理性预设的。课堂教学的"生成"，表现在课堂上是指师生教学活动离开或超越了原有的思路和教案，表现在教学结果上是指学生获得了非预期的收获和发展。

课堂教学的"预设"表现在课前，指的是教师对课堂教学的分析理解、规划构思、设计安排、假设预想。它是备课的重要组成部分。预设可以体现在教案上，也可以不体现在教案上。课堂教学的"预设"表现在课堂上，指的是师生教学活动按照教师课前的设计安排展开、按教师课前计划的顺序进行；表现在教学结果上，指的是学生获得了预设性的发展或者说教师完成了预先设计的教学方案。

随着课程改革的不断深入，数学课堂教学的新教学理念已经深入课堂之中，教师们提高了课堂教学的预设和生成意识，并在教学中进行了富有成果的探索和尝试，取得了可喜的成绩。为使数学课更精彩，有必要从课堂教学的"预设"和"生成"两方面反思数学教师的教学，研究教学实践中存在的各种现象和问题，下功夫找出自身的不足和差距，以便提高教学水平。

一、没有高质量的预设，就没有精彩的数学课堂

凡事预则立，不预则废。课堂教学本应是一种有目的、有意识、有计划的教育活动，教师在课前必须对教学目的、教学任务、教学过程有一个清晰、理性的思考和安排，这是教师完成教学工作和保证教学质量的最基本的要求。

在平时的数学听课及数学研讨中，经常会看到或听到一些忽视"预设"的情况。有的教师认为以教材为本，课前读一遍课本就可以上课，到时临场发挥（生成），他们认为新课程下的课堂教学设计越简单越好，甚至不用备课，到课堂上让学生自主学习，让生成决定课堂；有的教师还认为预设没必要，因为即使课前有一定的安排，到课堂上也可能实现不了，每学期初写的十几个教案基本上就是为了应付检查，上课基本不用；甚至有的教师认为学生不配合，课前预设得再好也没用。

事实上，预设得不够一定没有精彩的课堂。预设作为备课的重要组成部分，理应被重视。否则，忽视预设，教学就会失去方向；忽视预设，教学就会缺少对学生的了解；忽视预设，教学就会抓不住产生"生成"的机会。因此，教师应下功夫认认真真地搞好教学预设。

怎样搞好数学课堂教学的预设呢？

首先，要求教师深入解读数学文本，包括熟悉教材、研读教参、教辅资料，以及把握大纲、考纲，尤其要熟读新课程标准和要求，并与该节课

的实际教学内容对应的建立关系，即所谓胸中知识已富有，教学思绪如泉涌。

其次，教师要深入了解学生，包括学生的已有知识、已有观念、思考问题习惯，学生的年龄心理、学习经验体会等，做到既把握知识又了解学生，为课堂教学的学习氛围形成做好预备。

最后，教师要在备课的经验基础上，适应并学会数学课堂教学的预设方法。要特别注意把握预设的几个特点：一是预设要有预见性，虽然教学本应是一个开放变化的过程，但教师还应尽可能地全面深入地思考探究，这样，当很多意想不到的事情发生时，才有可能运筹帷幄，才有可能抓住生成的机会；二是预设要有情境性，课堂要创设以学生为主人的师生都积极认真思考探究的、和谐的、交融的、生成的情境，这特别需要教师的预设；三是预设要有灵活性，愿望再美好有时也须做工作，事先的教学预设能否实现，也须适时调整，一旦教学不是按预设的发展或未达到教师的预想，就不要拘泥于原有的条框，适时改革、适时创新，这样才能适时地生成精彩课堂；四是预设要有相对性，留有调整的空间和时间。

没有预设的课堂，是不负责任的课堂，没有预设的精彩，就没有课堂教学的精彩。课堂教学"预设"的结果，应是针对学生需求，使教学目标能明确，教学方法选择能恰当，并在形成预设的"显性教案"和"隐性教案"的同时，确保教学中师生能够生成学习场、利用学习场、享受学习场，提高数学课堂教学效率才会有保障。

二、生成的课堂才充满活力

新课程把教学过程看成是师生交往、积极互动、共同发展的过程，认为课堂教学不应是一个封闭系统，也不应是拘泥预先设定的固定不变的程式，预设的教案在实施过程中需要纳入直接经验和弹性灵活的变化，要鼓励师生在互动中即兴创造超越目标预定的要求。因而，现代课堂应是生成的课堂，生成性激活了课堂教学。

目前，在我校的数学课堂教学中，仍然存在着僵化性和教条性的现象。有的数学课堂氛围呆板冷清甚至令师生们昏昏欲睡；有的数学课堂教学几乎是教材的现场转播，照本宣科，教师的讲解无目的、无条理、无趣味，学生成了旁观者，很难不溜号；有的数学课堂教学较多的是教师的一言堂，数学定义、数学公式、数学例题习题，教师讲起来一气呵成，学生成了真正的观众听众而难以不疲倦和低效。现代课堂学生不应是配合教师上课的配角，教师上课也绝不是课前设计和教案的展示过程，每当课堂教学效果不理想时，我们除了查找学生的原因外，是否认真检讨我们自己，是否分析其原因中教师应占多少责任和义务。

比较而言，僵化的教学是省时省力省事的简单的传递知识；而生成的教学则是需要教师有着较强的教学功底和专业发展的复杂思维活动。只有生成的教学，才把学生看成了具有主观能动性的人，才把学生看成了一种活生生的力量，才能激发他们的知识、经验、灵感、兴致，才能使课堂呈现出多样性、丰富性、随机性、发展性。时代呼唤生动活泼高效的课堂，更呼唤精彩的生成性的课堂。

案例1—5　《数列中的最大项问题》的教学

教师先做引言"求数列中的最大项问题是高考的热点和难点，由于数列的构成规律不同，有的数列中的最大项仅有一个，有的数列中最大项有两个或多个，也有的数列中无最大项，呈现出千差万别的状态"，这是精彩的预设性的激发。接着，讲解例题。

例题1—3　已知等比数列 $\{an\}$ 的首项 $a_1 = 12$，公比 $q = -0.6$，记 $S_n = a_1 + a_2 + \cdots + a_n$，$T_n = a_1 \cdot a_2 \cdot a_3 \cdot \cdots \cdot a_n$，求数列 $\{S_n\}$ 及 $\{T_n\}$ 中的最大项。

在讲完本题的基本解答后，教师布置任务："在解这类题时，应根据题目的不同特点采用不同的方法，本题还有其他解法吗？"然后把思考时间留给学生。结果学生们又想出了四种巧妙解法：

【解法1】利用不等式（组）求最大项；

【解法2】利用导数求最大项；

【解法3】比较相邻项的大小求最大项；

【解法4】综合分析法求最大项。即灵活运用比较法，分类讨论函数性质，并对数列各项间的关系进行综合分析，通过解不等式求出最大项。

一题四解，且不是枯燥乏味的罗列解法，学生的思维活动量很大，这样的数学课，学生喜欢，效率也高，成功之处就在于有周密的预设，更显现了生成的课堂才是和谐自然的课堂。

笔者在教学实践中看过这样一节课。

例题1—4　如图1-1，已知点 $C(1, 0)$，点 A，B 是抛物线 $y^2 = x$ 上不同于原点 O 的相异的两个动点，且 $OA \perp OB$，求证：A，B，C 三点共线.

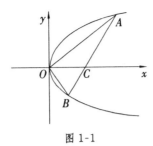

图 1-1

课堂上，教师基于本题条件反映出的几何特点，给出了本题事先准备好了的下列解法。

解：由题中条件 $OA \perp OB$，考虑直线 OA 与直线 OB 的斜率关系知 $k_{OA} \cdot k_{OB} = -1$，设 $A\,(t_1^2,\ t_1)$，$B\,(t_2^2,\ t_2)$，代入 $k_{OA} \cdot k_{OB} = -1$，得 $\dfrac{t_1}{t_1^2} \cdot \dfrac{t_2}{t_2^2} = -1$，化简得到 $t_1 t_2 = -1$（＊），$\because k_{AC} = \dfrac{0 - t_1}{1 - t_1^2} = \dfrac{t_1}{t_1^2 - 1}$，$k_{BC} = \dfrac{0 - t_2}{1 - t_2^2} = \dfrac{t_2}{t_2^2 - 1}$，由（＊）式，得 $t_2 = -\dfrac{1}{t_1}$（＊＊），把（＊＊）代入到 $k_{BC} = \dfrac{t_2}{t_2^2 - 1}$ 中，得到 $k_{BC} = \dfrac{t_2}{t_2^2 - 1} = \dfrac{-\dfrac{1}{t_1}}{\left(-\dfrac{1}{t_1}\right)^2 - 1} = \dfrac{t_1}{t_1^2 - 1} = k_{AC}$，$\therefore k_{BC} = k_{AC}$，从而易得 A，B，C 三点共线。

简单明了，似乎无懈可击，但当讲到"由题中条件 $OA \perp OB$，利用 $k_{OA} \cdot k_{OB} = -1$"时，学生提出一些疑问，比如，"应该要讨论直线 OA 与直线 OB 的斜率不存在的情形"，"$t_2 = -\dfrac{1}{t_1}$（＊＊）中的分母应该不等于 0"等等一些"漏洞"，这时该教师并没有急于给出这些问题解释，而是抓住这一良好的生成时机，把问题交给课堂，让同学们议论，并把同学们想到的问题一一写到黑板上，并指出"同学考虑一下，这些问题如何补救？还有其他解法吗？"，

由于这些问题是学生们自己提出来的，他们觉得很有趣，于是课堂活跃起来了，他们从各种角度积极思索，最后有学生先后讲了各自的探索结果。

斜率讨论法：因为 $OA \perp OB$，结合图形可知，当其中一条直线垂直 x 轴时，都与已知条件"点 A，B 是抛物线 $y^2 = x$ 上不同于原点 O 的相异的两个动点"矛盾，因而不必考虑这两条直线斜率不存在的情形。同样道

理，直线 OA 或直线 OB 的斜率若等于 0 也与已知矛盾。但这里应肯定学生对斜率问题的思考的严谨性。由于给出时间让同学研究和尝试其他解法，所以就有同学提出了向量法。

向量法：设 $\overrightarrow{OA}=(t_1^2,\ t_1)$，$\overrightarrow{OB}=(t_2^2,\ t_2)$，由 $OA\perp OB$ 可得 $\overrightarrow{OA}\cdot\overrightarrow{OB}=0$，所以 $t_1^2t_2^2+t_1t_2=0$，进而得 $t_2=-\dfrac{1}{t_1}$（＊＊）。

$\because \overrightarrow{AC}=(1-t_1^2,\ 0-t_1)$，$\overrightarrow{BC}=(1-t_2^2,\ 0-t_2)$，把（＊＊）式代入到 $\overrightarrow{BC}=(1-t_2^2,\ 0-t_2)$ 中，得 $\overrightarrow{BC}=(1-t_2^2,\ 0-t_2)=\left(1-\left(-\dfrac{1}{t_1}\right)^2,\ -\left(-\dfrac{1}{t_1}\right)\right)=\dfrac{-1}{t_1^2}(1-t_1^2,\ -t_1)=\dfrac{-1}{t_1^2}\overrightarrow{AC}$，$\therefore A$，$B$，$C$ 三点共线。

学生们的上述探索，反映了解析几何解题的运算严谨性，同时也再次看到向量在解析几何中应用使得解法简捷，反映出向量工具的价值。本题磨炼了学生的钻研精神和意志品质。

这节课表面上浪费了时间，实质是高效率的学习，收到了意想不到的生成的效果。看完这节课，笔者深深体会到数学课堂的生成性之功绩，同时也体会到上课时应时刻注意发现和珍视生成的机会。回顾我们的教学，会发现自己经常错过或浪费了绝好的生成性资源，原因主要是没有充分的"预设"和缺乏"生成"的意识。

总之，新课程理念下的课堂教学，必须是高效率的精彩的教学，而"预设"和"生成"作为课堂教学的有机构件，是相互依存缺一不可的，"预设"是生成的前提和保证，"生成"是预设的结果和表现。"生成"的课堂教学对教师的实践智慧提出了更高的要求，需要教师在课堂教学过程中不断思考、不断调节、不断更新。新课程理念下的课堂教学，需要富含发展观的教学，需要有创新的个性化课堂，而生成的课堂会使学生彰显个性，享受数学内在的欢乐，教师则会在课堂上充满激情展示睿智。要下大力气创设精彩的预设和精彩的生成，这样会使数学课堂的教学更高效，更精彩。

第四节　让学生的思维动起来

【题记】- -

新课程的课堂是师生互动的课堂，如何在课堂学习过程中调

动学生的有效思维，让学生的思维真正活起来呢？本文给出八条
教学建议，探究了在课堂教学中激发学生思维的实用教学方法。

新课程的课堂是师生互动和探究的课堂，是注重培养学生的科学思维
品质、鼓励学生对书本的质疑和对教师的超越的课堂，是培养学生学会学
习并具有创新精神和实践能力的课堂；实施新课程，教师要改变传统教学
的忽视发现和探究，改变教师让学生学习被动地接受、机械记忆的教学方
式。在教学实践中，笔者深刻体会到新课程的课堂应该是高效率的课堂，
高效率的课堂的关键是在课堂学习过程中让学生的思维真正活起来了。那
么，在课堂上，教师采用哪些教学策略才会有效地调动学生的思维呢？下
面结合笔者的教学实践，谈几点具体做法。

一、创设问题情境，调动思考内动力，激发思维

"把知识讲述给学生"是以往教学的普遍形式，而新课程教学的特点
则是"激发学生，由学生去探索知识"。过去的教学"教师以讲为主"，现
在的教学新理念则是"教师置疑引导"，让"学生去主动思考"。因此，笔
者提出创设问题情境，精心设计学习情景，让学生自觉走进学习与研
究中。

有这样一节优秀的高一新课程教学示范课，由南京师大附中教师主
讲，教师就是大量采用"疑问句"进行教学的。

案例1—6 《任意角三角函数的概念》的教学

教师首先回顾锐角三角函数的定义，即初中时已学过锐角三角函数；
接着，教师提出疑问，开始了这节课。

师：锐角三角函数的正弦是如何定义的？

生：是对边比邻边的比值。

师：哪个对边比邻边？

生：直角三角形中的对边比邻边。

师：对，对于一个确定的锐角比值是确定的。对于不同的锐角，是否
可以用上述方法确定相应的比值？（教师利用几何画板进行角的终边变化，
学生可以发现：当锐角发生变化时，这三个三角函数值也在改变。这时，
学生有些困惑，提出问题。）

生：老师，锐角三角函数的自变量是什么？函数值是什么？

师：谁能回答这个问题？

另一生：自变量是角，函数值是比值，不过，我不明白角度能不能作自变量？

师：你能用弧度来表示角吗？自变量变化范围是多少？如何表示？

……

整节课课堂气氛活跃，师生互问互答、相互评论，学生思考方向明确，思维处于快乐的"真思考"状态，学习情绪饱满，学生对函数知识的探索欲非常高涨。这节课最突出的特点之一，就是成功地设计了问题情景，激发了学生的思维，使得学生自觉地探究，主动地思考。

笔者认为，课堂上能够恰当地创设问题情境，以问题串引领思考，学生逐步地沉浸在深度思考中，是一个较好的教学探索，它不论是从形式上还是从理念上，都体现了让"学生去主动思考"的教学新理念。实践中笔者认为，有如下三个方面的作用。

（一）创设合适的教学情境，有助于激发学生的探索兴趣和研究热情

例如，再讲"指数函数"单元，可以设计教学情境：先介绍马尔萨斯人口理论，指出人口增长呈现"指数爆炸"的增长趋势，然后再介绍具体的实际案例，如，细胞分裂指数等，这样引进指数函数的概念，学生感到新奇并有实际用处，体现了数学的应用价值，学生学习这部分内容就会感兴趣。此外，许多数学单元，都可从实际问题和案例中引入数学概念或加深理解概念内涵，如，讲述分段函数时，可以用"邮费"或"出租车打车费用"设计具体的计算问题，三角函数的应用可以就一些有实际意义的高度、距离和角度的计算、三角函数值、三角函数周期的计算等，加深对三角函数的理解。

（二）创设合适的教学情境，有助于引导学生的讨论走向深入

例如，在"数列的通项与求和公式"单元主题教学时，可以让学生先研究公式的使用条件、注意问题等，接着提出研究问题："存款的本金和利息的计算问题"，这样，学生的思维走向深入，不仅有利于数列求和公式的论证，又能体现求和公式的价值。再比如，立体几何中"直线与平面垂直的判定定理"这节课，就可以设计成一个专题，提出一系列问题：你如何能让旗杆与底面保持垂直？直线与平面垂直的测量方法有哪些？测量直线与平面时有哪些难以操作的问题？直线与平面垂直判定定理有什么"便捷之处"？诸如此类，这样学生就可透彻掌握直线垂直平面的判定问题了。

（三）创设合适的教学情境，有利于引导学生从类比、模仿到自主创新

课堂教学情境的创设，不要盲目追求形式，而是要注重经历数学知识的发生过程中真正能触动学生思维激发点的情境，在教学的各个环节，都可适时创设情境，提出问题、分析和解决问题，充分挖掘典型问题的内在价值与迁移功能，培养思维的灵活性与创新性。

二、鼓励学生主动问"为什么"，激活学生的思维

在数学课堂教学中，经常是师生一问一答，或让学生教条地背诵定义定理公式，学生的思维是浅层次的，只是停留在思考教师或书本上提出的问题的层面。这样的思考还是不够深入，教学效率也就不高。只有强化数学课的问题意识，让学生"具有发现问题、提出问题的欲望"，然后进行"积极思考、追根问底"，才能极大地调动作为学习主体的学生的内因，主动地问"为什么"是思维活起来的重要表象。

以往的教学，教师往往重视学生"解题"的训练，忽略"问题"的指导。课堂上，学生面对的不是鲜活的数学知识，而是教条的定义、规定和解题套路，学生在缺乏启迪思维的问题情境中几乎没有"问"的机会，长久下去也就没有"问的勇气、问的习惯"了。这样的教学，学生难有灵气和活力，更谈不上继承和创新。学习过程是一个动态、发展的过程，教师要通过对一系列问题的深入分析和探究，及时引导、不断激发并鼓励学生发现问题、提出问题、思考问题、解决问题。

怎样才能培养学生主动提出问题的习惯呢？

首先，教师提问题时，要把自己当成学生，从学生角度提出问题，经常进行这样的示范，对学生有启发。

其次，鼓励学生提问题，要设计情境。在教学过程中要注意创设问题情境，置学生于问题之中，以最大限度地激发思维。数学的学习过程，应该是让学生始终处于主动思索的状态中，也就是在"琢磨"问题，"悟"出道理。例如，学习《幂函数》这节课，学生已经学会了研究函数的基本方法，我先让学生读教材，然后让他们提出问题，有的学生问如何进行二次函数与本节函数的大小比较？图象在研究函数性质时是可靠的吗？诸如此类问题。

最后，教学设计要留有一定的时间和空间，给学生"节外生枝"的机

会，如《算法的概念》一课，学生们就意外地在课堂上提出一系列与他们已有的框图知识相冲突的问题，很好地激发了求知欲，学生主动思考解决办法，思维就活跃了。

三、运用"共鸣箱"原理，触动学生的思维

从教学实践看，课堂教学中，教师与学生的数学思维活动要同步，思维水平要一致，这样的教学，师生容易产生共鸣，教学效果就好；否则，就不能很好调动学生的思维，教学效果就差。教学不是知识的简单传递、复制和转移，而是知识的生产、建构、理解、体验和感悟的过程，是外在的知识转化为学生内在的知识并形成技能的过程。"共鸣箱"原理的运用，是实现高效课堂的重要途径。

怎样运用"共鸣箱"原理，促进课堂的和谐思维？笔者认为，数学课堂的任何情境设计、探究活动的开展，都应联系学生的实际思维状况，都应以是否有利于学生理解和掌握数学知识与技能为标准。具体注意如下几点。

（一）研究课程标准，掌握学生知识基础

新课程对各学段学生应该掌握的知识与能力，都有明确的要求。新课程为学生在一定阶段的学习结果定出了一个"最低标准"，这是我们面向全体学生教学的依据，我们通过课标要求，就可知道学生在前学段已经达到的水平，进而再了解本节课学生的实际。

例如，"函数"概念，不同学段有不同的课标要求，学生对这个概念在不同阶段应有不同的理解。高中教学也分三阶段教学，教材中在三阶段都设计了"观察""思考""探究"等栏目，而各阶段各自采取什么样的观察、思考、探究才是有效的？首先要明确学生思维基础。

（二）分析学生心理，了解学生的情感基础

了解学生学习新课，在认知、情感、态度等方面的基础，也就是了解学生在知识技能、认知能力、学习动机以及策略方法等方面的实际情况。了解学生，包括了解学生的一般情况和个别情况。了解学生的这些基础，便于确定教学的出发点，为不同状态和水平的学生提供适合他们"最佳发展"的教学设计，课堂上的情感就容易产生共鸣，思维共鸣比知识共鸣更重要。

（三）换位思考，了解学生思维特点

现代建构认识论认为，每个不同年龄段的个体，对研究对象的思维方

式及领会程度是不同的。例如《概率的意义》一课，教材设计了包括：掷硬币实验、游戏中的公平性、决策中的概率思想、天气预报的概率解释、遗传机理中的统计规律等六个活动。如果教师觉得其中的道理很简单，轻描淡写地"说课""讲实验"，或即使"做实验"了，往往也会只是停留在操作层面，让学生热热闹闹地掷硬币。这就使得教师的思维与学生的实际相分离，就很难调动学生真正地透过现象思考本质，也就不能很好地达到教学的预期目标。为此，笔者在掷硬币实验中，充分考虑学生的思维特点，注意实验中可能引起学生思维障碍或者易被忽略的各个细节问题设计教学。从学生思维水平出发来设计教学，才可能是高效地学习。

四、动手操作，启迪学生的思维

数学课堂教学中的动手操作，是引趣、激疑和诱思的好途径。例如，立体几何学习，可以让学生动手"剪一剪""粘一粘"以及"切""割"等，学生通过眼、手等感官直接感觉立体几何的点线面棱顶体的特征。比如，在学习圆柱体表面积时，可让学生动手操作，给圆柱体（纸制筒形）侧面展开，量一量，算一算，从而得到圆柱体表面积的计算方法。在教学中，用动手操作的方式展示知识发生的过程，可将静态的知识结论变为动态的探索对象，让学生在认知活动中探索未知、体验情感，使学生兴趣浓厚，加深了对知识的理解，动手做的方式把学生的学习和生活经验融为一体。

动手操作是要有一定的智力活动的，这也就在一定程度上调动了学生积极主动地参与教学活动，有效地实现知识学习在动手操作中启迪思维、训练智力的价值了。

数学动手操作具有其他授课形式难以替代的独特功能：可培养学生的动手能力、建模能力和应用能力，使学生进入主动探索思考状态；还能使学生主动建构，发展个性。数学动手操作的注意问题：（1）动手操作的课题要适合中学生的知识水平和年龄特点，在实验时不需要补充大量知识就可入手；（2）动手操作要有一定的数学的价值，提高学生学数学的自觉性；（3）动手操作要能充分调动学生学习的主动性，吸引学生思考，启迪学生思维，提高学习数学的兴趣。

五、实际应用，发展学生的思维

教材上的"数学实际应用"能创设联系生活问题情境，引发学生学习数学的兴趣，把形式化的数学转化为活生生的数学，使学生认知起点从原始的实际出发，从思维角度的最低处入手；同时"数学实际应用"问题，使得学生能够多角度理解数学的本质；"数学实际应用"问题是以思维活动为核心的，提供了让思维动起来的一个极好的方式。

实际应用问题的教学价值是高层次的学习、多方位的思考。在教学中建模思想和建模能力培养，是新课程着重强调的目标要求。实践表明，对信息收集、提炼、处理、表达、交流的应用题的建模，也是活化学生思维的有力手段。

如何体现数学实际应用问题的功能，激发学生思维的深广度？（1）用好教材上的例子。新课标打破了以往教材中从定义、定理到例题、习题的传统模式，在内容中新增了许多数学在实际生活中的应用例子，教师切不可因教学课时紧而忽视这些内容的教学，要善于使用这些应用的实例，如《函数模型及其应用》。（2）联系学生生活的实际，举出学生熟悉的数学概念与应用的例子。如学习立体几何时，可让学生找出教室里的空间的线与线、线与面、面与面的位置关系，等等。（3）生产生活中应用数学的实例，让学生切身感受到数学知识的重要，激发学生对数学的兴趣，并产生学好数学的情感。

六、解题教学，优化学生的思维

提起解题，我们的印象就是"习题课""学生沉思冥想""知识主线的各种题型"，加重了学生数学学习负担，例题、习题的教学变成归纳和记忆题型，然后就让学生进行大运动量的机械模仿重复训练，注重解题技巧而不重视数学思想方法。

解题教学应该把着眼点放在优化学生的思维上，具体方法：（1）把题目读懂。给学生足够读题机会和独立思考的空间。（2）弄清题中数学概念。基础知识是解题的思维起点，周密严谨的分析推理的思维技能，是解题的关键。（3）解题思维的通性通法。数学解题教学的思想性就是要以数及其运算、函数、空间观念、数形结合、向量、导数、统计、随机观念、算法等数学核心概念和基本思想为贯穿数学解题教学过程的"灵魂"，体现解题思维的通性通法。（4）要让学生学会挖掘隐含条件，必要时会分类讨论。

注重数学解题教学中的逻辑品质的训练，利用解题，加强数学内容的内在联系，使不同的数学内容相互沟通，提高学生数学能力和对数学的整体认识水平。解题教学中应强调类比、推广、特殊化、化归、数形结合等思想方法的应用，应加强数学地思考问题能力，提高逻辑思考方法的灵活性，科学地思维才能更好地培育理性精神。

七、研究学生，维护学生的思维活跃状态

课堂教学要使学生的思维始终处思维活跃状态，就要研究学生，帮助他们克服数学"抽象"的障碍。了解影响他们思考问题的非数学本质的外在因素，如数学符号、数学表示式、数学抽象叙述、数学图形的复杂，学生往往被"杂乱无章"的图形"吓住"而尚失思考的信心。

例如，《三角公式》一课的教学，有些学生对这些公式表述不清楚，笔者采用"自然语言""图形语言""符号语言""通俗地方语言"等多种说法解释同一个公式，并在应用中把抽象公式具体化、一般性结论特殊化，多举例子解释数学现象。笔者引导学生回答："你能用文字语言对这组公式进行表述吗""你认为这一组公式的作用是什么"等问题，从而引领了学习的深入。此外，当学生进入思考状况但百思不得其解时教师要予以鼓励，有了收获时应及时予以表扬和激励。

八、把握教学核心，思维化能力

人的本质在于思维。数学是思维的体操，数学具有抽象性、精确性和应用的广泛性，数学对学生思维品质的训练是其他学科所无法替代的，全面提高学生的思维能力是数学新课程的重要目标。

把握数学概念的核心，学会数学地思维，学生真正领会和把握数学概念的核心，领悟概念所反映的数学思想方法，是提高数学课堂教学质量和效益的突破口，概念的教学可以让学生从理解定义的合理性着手，强化思维能力，提高数学素养。

学习活动是在学生头脑里进行的，是别人无法替代的。正如乔治·波利亚所说："教师在课堂上讲什么当然是重要的，然而学生想的是什么却更是千百倍的重要，思想应当在学生的脑子里产生出来，而教师仅仅只应起一个助产婆的作用。"只有培养了良好的思维习惯，在教学中，注重培养学生的抽象思维和形象思维、发散思维和集中思维、分析思维和直觉思维、创造性思维，才能真正落实新课程的课堂教学理念。

相信还有许多调动思维的方法需要我们在教学实践中挖掘，比如，教师在教学时，信息技术于课堂教学的整合，课堂上引进一些数学史指出知识的来源等，都会使学生兴趣盎然、思维活跃，这样的探索将有利于高效课堂的实现。如何在课堂上更好地调动学生的思维，让学生的思维真正活起来，如何把数学课讲得引人入胜、生动活泼，是数学教师不断探索的非常有价值的课题。

第五节　数学课要教出智慧来

【题记】

> 核心素养教育理念下的课堂教学提高了对学生个性品格和能力培养的要求，教学目标更科学全面，注重学生终身发展的关键要素的培养，但在实际教学中仍然有重结果轻过程、重解法轻思维训练的低效教学现象。笔者结合教学实际，提出课堂教学要教出智慧来的高层次教学目标，并给出供大家借鉴的典型教学案例。

一、问题的提出

在数学学习中，有时学生尽管很努力用功，但还是觉得学不透彻，知识理解模糊不清，知识运用只能机械模仿，不能主动灵活地用来解决实际问题。这说明教师的教学还存在问题。比如，有的课堂还是灌输式，学生的学习主要停留在记忆、背诵、模仿的低层面；课堂上教师讲得太多太满，留给学生思考的时间和机会太少。总之，教学缺少理性思维能力的培养。笔者认为，课堂教学要讲究教学目标的高层次，在课堂教学中要培养学生会用自己的头脑思考问题，教学要教出智慧来。

二、如何培养理性思维能力

案例1—7　《两角和与差的三角函数》的教学

下面是我们经常看到的教学设计，你能看出有什么不足吗？教学过程如下。

【环节1】教师讲公式，对两角和与差的三角函数的公式进行推导，得出公式结论。

【环节 2】教师讲例题，采用"题组教学"设计一系列例题和配套习题，让学生做模仿练习。

例题 1—5　求值 $\cos 15° = ?$（教师讲解）

例题 1—6　求值 $\sin 15° = ?$（学生练习）

通过一例一练的变式训练铺设阶梯，学生在公式的运用中初步体验公式的价值，接着师生做下面例题和习题。

例题 1—7　已知 $\cos \alpha = -\dfrac{3}{5}$，$\alpha \in (0, \dfrac{\pi}{2})$，求 $\cos (\dfrac{\pi}{4} - \alpha)$ 的值。

然后让学生做练习：

习题 1—1　已知 $\cos \alpha = \dfrac{1}{7}$，$\alpha \in (0, \dfrac{\pi}{2})$，$\cos (\alpha + \beta) = -\dfrac{11}{14}$，$\beta \in (0, \dfrac{\pi}{2})$，求 $\cos \beta$ 的值。

接着教师安排例题和变式训练题，是三道有难度的题，各个习题例题的难度逐渐加大，教学目标是让学生形成使用公式的各种"构造"的技能。

【环节 3】教师总结解题方法：（1）凑角；（2）分拆角；（3）配成公式形式或逆用公式。

【环节 4】教师强调用两角和与差的三角函数公式的一些注意事项。

对这样的一节公式教学进行反思，觉得教学中似乎缺少一些什么？学生到底收获了什么？仅仅会用公式解题就能达到该节教学目标吗？这样的课教学目标处于浅层次——能用概念和公式解题，把解题当作了教学的终点是当下一些教师课堂教学的误区。这样的课往往是重视解题规律和技巧的培训，而缺少理性思维的养成和思维能力的培养。

如果提高一下这节课的教学档次，把培养思维能力作为主旋律，多让学生探究一下，多给学生一些思索的机会，如可以把"例 1—5"作为该节的"情景创设"，开始就把学生带入了思索的情景中，接着师生共同探求如何求非特殊角的三角函数值，从而对两角和与差的三角函数的公式进行探究，那么整节课就顺理成章。至于在运用公式中使用"配型、凑角、分拆"等具体招法，实际上已经在公式的探究中有所感悟了，教师只要在例题习题解答中稍加点播，这些解题技法也就都水到渠成地在学生的掌握之中了。把教学的重心前移，功在课之前，是教学的高境界，也是难得的高效率高层次的教学。该节教学中，还应渗透一些数学研究思想，如类比思想，从"具体度数的角"到"字母代表的角"的类比，特殊角到非特殊角的类比等。

三、"智慧"可以教出来

教师的每一节课，都是学生成长一点一滴的雨露，都是在为学生的一生积蓄力量。课堂教学急需思维档次的升级，课堂教学要教出智慧来。心理学指出，智慧是能迅速、灵活、正确地理解和处理事物的能力，包括遗传智慧与获得智慧，获得智慧包括智力体系、知识体系、方法与技能体系、观念与思想体系。数学是思维的体操，数学课堂应该通过对知识的探究学习培养学生的智慧，尤其是思维灵活性和知识的应用意识的开发应该成为教师重点探究的课题。

案例1—8　《集合》的教学

历年的高考集合题不仅考查集合知识，如集合的交并补运算，而且考查学生在学习集合知识过程中的分类思维方法、列举探究方法，以及符号意识、运算规则意识等智慧层面的东西。例如，用列举推理的思想方法和符号意识就是创新的智慧，有的集合题涉及了元素特征是用不等式表示出来的，就可以用组合知识、线性规划知识等其他单元知识来解，这就是发现和转化的智慧。

案例1—9　《函数概念》的教学

知识目标是弄清函数是什么，了解函数概念，仅仅是三维目标中的一项，至于过程与方法、情感态度价值观目标，在教学中经常是被教师忽略的，有时也是难以落实的。当下函数教学，往往也只是停留在解题上。

实际上，函数教学应该讲出智慧来，如从常数到变量的字母意识体现的"数学符号智慧"，对变量的变化体现的"运动变化的智慧"，建立函数模型的"模型化智慧"，从对函数能做什么的思考中体现的能主动构造函数的"构造的智慧"，从函数式到函数图象的"图形化的直觉思维智慧"等。这些本应该在函数课堂教学中讲出来的智慧，才是函数教学的长远目标，但经常被某些教师淡化了，造成学生解决函数题有困难，甚至连构造函数都要通过大量练习低效率的强化。

案例1—10　《数学习题课》的教学

倡导"研磨"中出智慧。有时讲评试卷，不仅要讲正确解法，而且要重视错误的做法，要研究出现错误的原因，采取什么补救方法，应用中出智慧，纠错反思中出智慧。数学课就是讲数学道理的，智慧来自经常鼓励学生亲身实践。

总之，教学中要多些智慧的培养，多些创新意识的养成。教学设计中要精心设计可以培养灵活性的训练内容，比如，设计问题串训练思维的发散性等。教师对教材要深入钻研，真正理解教学内容的本质，真正了解学生的状况，这样才能使数学课堂变成在知识的探究中发展学生的智慧。

第六节　数学探究带来的能力效益
——技能源自细研磨

【题记】

教学实践表明，只有学生自己全身心投入到探索知识的来龙去脉，弄清所学知识的真实的应用价值时，学生的学习才进入了应有的状态。

本文给出了在学习过程中如何培养学生数学能力的一套教学策略，就是学生要在学习实践过程中强化自主探究、自主反思、自我完善的主动学习的教学主张。

核心素养理念下的教学是使学生在获得知识的同时，开发学生的智力，培养学生终身发展必备的关键品格和能力，而探究式学习是实现这一教学目标的有效途径，教学中关键是如何把握好探究的时机，使学生自然地进入主动探索的情境，而不是教师"逼迫着"让他们被动地去探究。

例题1—8　光线从 A （-3，4）点射出，到 x 轴上的 B 点后，被 x 轴反射到 y 轴上的 C 点后，又被 y 轴反射，这时反射线恰好过点 D （-1，6），求 BC 所在直线的方程。

学生经过思考，大多都能给出以下解法：

【解法1】 依题意 B 点在原点的左侧，设 B （a，0），C （0，b），由入射角等于反射角，得 $k_{AB} = -k_{BC}$，即 $\dfrac{4-0}{-3-a} = \dfrac{b-0}{0-a}$，$\therefore b = -\dfrac{4a}{3+a}$，于是 C （0，$-\dfrac{4a}{3+a}$），由 $k_{DC} = -k_{BC}$，得 $a = -\dfrac{7}{5}$，$\therefore B$ （$-\dfrac{7}{5}$，0），

$C\left(0,\dfrac{7}{2}\right)$，由 B，C 两点坐标，可得直线 BC 的方程为 $5x-2y+7=0$。

这样的解法是比较容易想到的常规解法，但由于计算量较大，显得解题过程较繁。这时笔者提出一个问题：题目中的"光线""入射与反射"等条件有什么用？解题中如何运用呢？如果对该题的条件细致分析，可能有更简便解法，然后让学生研究，于是有了下面的解法。

【解法 2】依题意点 $A(-3,4)$ 关于 x 轴的对称点为 $A_1(-3,-4)$，点 $D(-1,6)$ 关于 y 轴的对称点为 $D_1(1,6)$，由平面几何性质可知，四点 A_1，B，C，D_1 在一条直线上，结合 A_1，D_1 的坐标，可以求出直线 BC 的方程为 $5x-2y+7=0$。

结合"几何光学知识"加以琢磨可知，此问题的本质是几何"对称"，应属于直线间的对称性问题，因此，可以用对称性间的斜率关系给出更简单的解题方法。深入地思考换来了简便解法，学生们体验到了探究带来的惊喜。

例题 1—9　设 A，B 是椭圆 $\dfrac{x^2}{a^2}+\dfrac{y^2}{b^2}=1\ (a>b>0)$ 的长轴的两个端点，过其焦点 F 作长轴的垂线与椭圆的一个交点为 M，若 $\sin\angle AMB=$ $\dfrac{3\sqrt{10}}{10}$，则此椭圆的离心率为（　　　）

A. $\dfrac{\sqrt{6}}{3}$　　　B. $\dfrac{\sqrt{3}}{3}$　　　C. $\dfrac{\sqrt{3}}{2}$　　　D. $\dfrac{\sqrt{10}}{10}$

课堂上，有学生给出了本题的下面解法：

【解法】先由图形观察知 $\angle AMB$ 为钝角，进而运用余弦与正切关系式求出 $\tan\angle AMB=-3$，再由 $\tan\angle AMF+\tan\angle BMF$ 及 $\tan\angle AMF\times$ $\tan\angle BMF$，求得 $e=\dfrac{c}{a}=\dfrac{\sqrt{16}}{3}$，故选 A。

显然，仅凭几何直观就断定 $\angle AMB$ 为钝角不严密，应该给出证明，这时我并没有急于给出此问题的证明或解释，而是放手让学生去探索。

当时笔者把问题提了出来：如何证明"$\angle AMB$ 为钝角"？

由于学生没有想到会有这样的问题，他们觉得很有趣，于是课堂活跃起来了。同学们议论纷纷，他们想千方设计从各种角度积极思索，从几何直观到几何论证，再到代数方法用方程来论证，层层深入，寻根问底，细细研磨。学生带着疑问不知不觉进入了探究的学习状态中。最后，笔者请几位同学先后讲了各自的探索结果，整理如下：（1）椭圆问题圆处理，椭圆可以看成对圆上的点沿同一条直径进行伸缩变换而成，运用椭圆与圆之间的这种关系，可以得出结论：当点 M 在圆上时，由直径所对圆周角为直角知椭圆上 $\angle AMB$ 为钝角；（2）椭圆是由圆上每个点的横坐标（或纵坐标）压缩（或伸长）原来的若干倍得到的图形。现设椭圆是由圆上每个点的纵坐标压缩为原来的 $\dfrac{b}{a}$ 倍而得到的曲线，由于 $a>b$，故 $0<\dfrac{b}{a}<1$，可以视为将圆纵向压扁得到椭圆，直角就变成钝角；（3）设椭圆 $\dfrac{x^2}{a^2}+\dfrac{y^2}{b^2}=1\,(a>b>0)$ 是由圆 $x^2+y^2=a^2$ 上每个点的纵坐标压缩为原来的 b/a 而得到的曲线，则对圆上点 P 有 $PA^2+PB^2=(2a)^2$ 进而可得椭圆上 $MA^2+MB^2<(2a)^2$，所以 $\angle AMB$ 为钝角。

这节课让学生对两个题目进行探究，表面上"浪费了时间"，实质是高效率的学习。笔者深深体会到数学学习太需要探究式学习方法了，教师的教学应该多运用探究式教学，数学课堂只有真正实现学生自主探究的学习，数学课堂才算是和谐的课堂、发展的课堂。学生自觉思索主动探究的学习方法会给数学学习带来一片生机。

第七节 对数学课堂教学的"到位"研究

【题记】

数学课堂教学效果要"到位"，先期准备必须先到位，包括备课时要"多设想"，想一想学生的知识基础、技能基础、思维基础、文化基础、学习的习惯以及相关科目的基础等等，只有周密细致的考虑，教学中才有效率。

针对核心素养教育理念的提出，我校进行了系列"同课异构"骨干教师示范课研讨活动，全体数学教师都参与了对每节课的试讲和初评，反复修改教学设计，再试讲、再评课等研讨环节。笔者从中深受启发，深刻认识到面对新课程新教材，应该有新思路和新方法来大力提高课堂教学的效率，同时也发现一些值得商榷的问题。

一、每一节课的教学目标必须要准确"定位"

新课程理念要求把学生作为课堂学习的主体，教师在完成写教案、编学案等的教学设计时，就应该优先考虑学生的基础，把课堂教学的内容向学生主体进行准确"定位"，必须仔细研究你所教班级每位学生的实际，每一节课都要考虑"定位"在什么学生群体上。定位不准或定位模糊，上课的中心就难以突出。定位偏高了，教学目标就难以达成，即使写在教师的教案上也形同虚设；定位偏低了，课堂含量就低，课堂效益就差，达不到应有的教学效果。

比如《函数单调区间的求法》这节习题课，确定教学目标时，就可以有多种不同的定位，如让学生掌握求函数单调区间的几种具体方法，这对于基础较差的班级是恰到好处的。这样的目标定位，大多数学生通过努力可以完成，这节课就是好课；同样这节课，教学目标也可以定位为让学生学会分析具体函数特点，或进行适当转化如三角换元等的思想方法来求函数单调区间，这样的目标定位是较高要求，适合基础较好的班级；这节课的教学目标还可以定位为对函数单调性本质的认识上，如导数法求单调区间、复合函数法求单调区间等，对学生基础要求更高。但在实际教授这一节课时，有的教师却忽略学生基础，只看知识内容，就不免有"高、大、上"的目标要求了，导致课堂内容与学生能力之间脱节。可见，要真正提高教学效率，教师就必须细心研究该节知识特点以及学生现状，设计出恰好适合该班级学生基础又符合课标要求的教学目标。

二、每一节课的教学过程必须要分析"到位"

分析"到位"，包括教师对所教内容引导到位和讲解分析到位，还包括学生独立分析思考到位和对所学习内容充分研究到位两方面。在日常教学中，大多数教师能够从各自班级学生的实际出发，分析和探索每节课教学的各环节，但笔者也看到，有的教师表现出的自己认为的"课堂分析到位"了，实质上是教师"过度的包办代替"，导致学生思考探究"无位"，教师讲完后学生就没有思考的余地了，这样就会表面顺利完成教学任务，但取得的教学效果却不佳，长久的包办代替，学生学习就不会主动，课堂成了机械背诵和记忆模仿，学生灵活分析就少了。

例如《等差数列前 n 项和的求和公式》这节课，教师把高斯的 1 到

100 连续整数求和的方法介绍完，就提出等差数列求和公式如何推导的问题，学生不假思索就仿照高斯做法完成求和公式的推导，这样的做法实质上是分析不到位。

高层次的课堂教学，教师应该是引导但不包办，讲解但不代替思考，学习研究到知识的关键处，教师的讲解应该及时停下来，把探究思考的机会让给学生"想一想""试一试""说一说"，教师分析"到位"不在于讲得有多明白、多透彻，而在于是否触发学生的思维激活点，是否引发了学生的深度思考。《等差数列前 n 项和的求和公式》这节课，不妨教师少讲一些，多引导学生观察等差数列的特点，即项与项之间存在"公差"的特征，针对这个特殊性，提出"如何运用这个特征，简便求和"，教师这样的分析才算真正"到位"。如果教师讲解分析能有一根主线把各种思索串联起来，其课堂教学就表现为学生的思考机会多，解决具体数学问题时方法就多，思路就活，就会使学生理解深刻到位，从而也就使课堂学习远离了机械教条的死记硬背，课堂教学就会达到高效率。

三、每一节课的学习过程师生必须"换位"

教师的知识储备量和数学见识必须要高于学生，但在课堂教学过程中，教师要适时地"甘当小学生"，学生学习中必须要勇于"当小老师"。课堂上教师要放手让学生说话、议论或争论，鼓励他们走上讲台来，讲他们的想法和见解，这不仅使学生的学习热情高，探究知识有兴趣，更重要的是他们成了学习的主角。这样做，表面上或许浪费时间，但实质上增加了学生的学习思考量和思维活动量，能力训练量也大大增加。

如《求数列单调区间问题》这节示范课中，教师没有像常规方法那样给出类型题，讲解配套解题方法，而是有意识地引导学生思考数列与一般函数的不同点，找出数列作为函数的独特特点，进一步探索教材中给出的一些例题习题，然后由学生总结解题思想方法，学生顺利给出求数列单调区间问题的五种方法。这时教师给出思考题，继续追问：（1）这些方法是按什么标准进行分类的？这些方法之间有什么逻辑关系？是并列还是递进？（2）这些方法哪些是特殊技巧仅仅能用于求数列最大最小项？哪些方法是解其他数学题也能用上的通法？你通过本节课学习受到什么启发？诸如此类。最后，通过学生的思考和回味，认识到求数列单调区间问题的解题法门——观察数列特征进行函数化和注意数列函数定义域进行函数单调性分析，这样学生就学会了函数分析的这一通法。这样的教学，正是新课程理念所倡导的自主探究的学习课堂，才是数学学习高效率的课堂。

总之，面对新课程新教材应该有新思路新方法，同样的一节课，应该有不同的设计和不同的教法，教师灵活把握、恰当取舍。教师要多思考数学课堂的学生思考量，围绕如何突出每节课的数学本质做足文章，使得数学课的"数学味"更突出；数学课的呈现方式必须要讲究才能使数学课更"讲道理"些，教师要多从学生角度看教学内容，从学生角度看解决问题的难度和思路，才会使数学课更"清楚"些；教师要能从知识衔接和知识生长点方面来设计符合学生思考问题思路的教学过程，就能较好地打开学生的心扉，打开学生对学习中各种障碍的心结，启迪学生的数学智慧，就能有效地发展学生的能力，使数学课堂真正地活起来。

第八节　引导学生主动去"悟"比什么都重要
——谈数学课堂教学中能力培养的有效性

【题记】

评课是教学研究的一种重要形式。评课到底该评什么？同样一节课，专家看课后就能说出许多道理来，其中的秘诀是什么？笔者认为，要评好一节课，需要评课者具备现代的教学理念和观点、熟悉教法知识、了解课堂教学实践与教学技能，评课者还要思维敏捷、观察力比较强，善于捕捉教课者的亮点和不足。

除此之外，最重要的一个方面，就是评课者要有自己独特的教学思想和现代的教学观点方法的储备，评课时能够提出自己的教学设计主张来，评课的目的是弘扬优点、避免缺憾，是新课程理念贯彻落实的切磋过程。好的评课，可以给别人一些所意想不到的独特见识，正所谓"不说不知道，一说真奇妙"。在听课与评课的教研活动中，笔者也发现一些问题，比如"面面俱到式"的评课、"复读机式"的评课，只评表面不做深入分析，"只见树木不见森林式"的泛泛表扬或否定而不做论证研究，以及"不看学生只看老师"的评课等，都不能评出精彩评出水平来。笔者认为，评课可以只评某一点或几个突出的"点"，也可以评出"线"或者"面"来，但一定要做剖析，要评出"道理"来。

在长春市教学联盟数学研讨活动中，展示了一节高三数学复习课《抛物线的几何性质》，教师从高中数学教材《选修2－1》第二章第三节的一道习题（第73页第6题）出发，经过师生一系列共同探究，由10个引发思考的问题归纳出5个命题，整节课师生进行了饶有兴趣地争论、论证、猜想、再论证，课堂气氛活跃，思维密度大，让我们品味到该节教学的智慧和独特教学艺术，也引发了笔者的一些思考与研究。

一、精彩纷呈，令人回味

该节课的整个教学过程展现出教者立足当下、回归本源的教学设计思路，遵循学生认知规律，按照"情境引入—问题研究—类比归纳—猜想论证—概括总结"的教学主线，循序渐进展开本课，学生在教师引导下对直线与圆锥曲线位置关系的理解渐趋准确和深刻，思维难度稳步提升，表现出该节课的诸多优点。

优点1：教师教学基本功扎实

该节课教师的电脑操作是"当场制作、当场实施、当场使用"，而不是"事先做好的课件"课上演示，这样的操作更具有真实感。

一节合格的课堂，离不开教师扎实的基本素质和教学基本功。该节课，教师的徒手画图能力强。该节课是解析几何内容，教师徒手画出椭圆、抛物线、双曲线、圆，以及直线与它们的位置关系，尽管图形复杂，但该节课的教师能精准地画出优美的一幅幅画面，给学生带来美感，给我们以示范，这些给我们留下了深刻印象。此外，该节课教师工整的板书、清晰优美的字迹、生动又科学准确的语言、数学术语运用自如等，都表明该教师课堂教学过硬的基本功。

优点2：教学设计有自己的思想

一个有自己思想的教师才能设计出独特风格的教学设计，才能有针对自己学生的恰到好处的教学，该节课给了我们一个很好的实例。

该节课的教学设计思路，一改以往的高三课那种"基本知识—典型例题—解法总结—变式训练—课堂小结"的俗套，该节课的教师从全新视角、高观点下俯瞰高考题，把"解题"视角提升为"研究"视角，勇于对高考题"探源"，找到它的"前世"，达到多题一解，强化了高考复习中的通性通法策略，使得过去那种高三课堂的片面备考变为了师生做学问的研究课堂，抓住了数学研究者应有的理性思维特征，刨根问底类比归纳，变知识复习线索为理性思维能力的培养线索，可谓设计巧妙，独具匠心，让人耳目一新。

优点3：引导学生主动去"悟"最重要

该节课教师设计了10个层层深入的趣味问题串，引导学生"主动地悟"是该节课的最精彩之处。教学片断如下。

首先提出问题："直线 $y=x-2$ 与抛物线 $y^2=2x$ 相交于 A，B 两点，求证：$OA \perp OB$"；讲完这道课本习题后，接着提出问题："把坐标原点 O 改为抛物线上任意一点 P，还有类似结论吗？"问题提出后，学生立即陷入沉思，思维处于极其活跃状态。接下来依次提出问题"满足 $OA \perp OB$ 的直线只有一条吗？""如果有多条满足要求的直线，它们有什么共同特征？尝试提出一个命题""过点（2，0）的直线与抛物线 $y^2=2x$ 相交于 A，B 两点，$OA \perp OB$，求证：直线 AB 仍过定点""你能证明你的猜想吗？"等等。

该节课教师提出"大胆猜想，小心求证"的引导语，让学生讨论甚至争论，大胆猜想，提出学生自己的命题，这样就大大鼓励了学生的勇气，增加了学生的科研信心。这节课，教师不是拿出一些题让学生去解答，而是在点拨学生思维处下了一番功夫。

教师的教学设计到底要精心设计什么？笔者认为，不仅要精心设计"我该如何讲"，更重要的是要设计如何能使得学生能"有兴趣地去主动探究"。该节课，教师在这方面做了许多精心的设计。

优点4：教学目标的高品位

该节课的教学目标定位在数学思想方法的强化上，以解析几何中一类直线与圆锥曲线构成的特殊几何图形为研究载体，集中训练学生的类比推理、归纳推理等能力，正如课题所说的"高考题的前世与今生"一样，把高考在这方面的命题规律、解法规律、知识体系、思维体系有机结合，让学生在对"今生"的研究中，追索这类问题的"前世"根源，从中享受了数学探究的乐趣，在趣味学习中，培养了能力，系统化了知识，教学目标的品位高，教学效果好。

越是高三的课越要有主题。高三复习课往往是几道例题分析就占满整节课，学生的眼光限于习题解法的总结，缺乏每一节课主要目标的追求。该节课目标定位在强化"归纳与类比思想"的运用上，教师心中有自己的教学主题，这种小专题的组织课堂教学方式值得借鉴。

优点5：课前准备充分

该节课教师的课前准备很充分：为每位学生准备了三角板、绘图坐标纸、导学案、两张大白纸，黑板上也在课前画出了椭圆、抛物线两幅粉笔图形，还准备了多媒体课件，可谓有了充分细致的课前准备，这一点应该值得我们学习。

如果教师能坚持每一节课都有充分的准备，就是难能可贵的教学习惯，但在日常教学中，为学生的学习而精心细心地做好准备并不是每一位教师每节课都能做到的。新课程理念要求教师应该是学生学习的引领者和服务者，这种教师角色的转变并不是每位教师都能很好地做到的。

笔者认为，教师在每节课备课时，既要精心设计教学内容，又要细心准备学生学习的工具课件等。细节决定成败，应该在课前好好想一下：40分钟的课，课前我该做哪些准备？40分钟课上都需要什么？我准备了些什么？40分钟课后要使学生学习能有效地延伸到课外，我该如何做好布置？如此诸多细节都考虑到了才称得上是课前准备充分。有的教师往往只顾课上忽视课前和课后，只顾教师要准备什么忽视学生学习要准备什么教具等。一节有充分准备的课才有可能是完整的课。

二、教学创新，勇于探索

创新需要信心更需要勇气。该节课作为解析几何单元复习的习题课，教师从教学设计到教学具体实施过程，从常规的板书设计到电脑多媒体使用等，打破常规，大胆突破，呈现出许多创新之处，极具借鉴和研究价值，这些都是需要我们在课改实践中继续探究的好课题。

（一）复习课中课本可以这样用

这节课一改以往的背诵概念、记忆公式、重复学习一惯的做法，在课本中找探究的"焦点"，作为一类问题的"母题"逐步派生出系列问题直至到达"今生"高考题，使学生看到了高考题的"前世"就在课本中。一方面让学生感觉到课本是数学方法和数学知识学习的原本，另一方面强调了教材中有值得探究的课题。该节课的教师这样引领示范，使得复习课不是丢开课本搞题海，而是研究课本、提升课本习题例题的研究价值。

（二）高三作业原来可以这样留

这节课一改以往的"例题、课堂练习、课堂小结、课后作业"的俗套，让我们看到了"原来作业可以这样留"的精彩，该节课教师，在教学中引导学生分析问题、发现问题，得出大胆的猜想，然后师生共同分析判断猜想的正确性，这些"猜想的论证"就是该节课的作业，该节课一共留了四道作业题，都是在学生非常关心"猜想成立吗？"急于要动笔证明时，把证明当成"作业"让学生课后完成，这种作业把思维自然地延伸到课外，把探究的兴趣升华为课后理性地论证，这种作业远比那些脱离课内课外联系的套题作业效果好。

（三）能力培养与提升有了新方法

该节课不是在知识的背诵和重现中复习知识，也不是在解题变式训练中强化解体技巧技能，而是直接就高考考纲和新课程标准中都明确的能力要求，构思该节课，有创新地训练类比和归纳能力。在教学过程中，学生们在不断猜想与归纳中激发了探究欲望，在猜想和论证中稳固了探究兴趣，也培养了能力。

（四）学优生原来是这样炼成的

该节课教师把学生当作"小小研究生"，把师生的学习变成了研究问题解决问题的过程，这样的课堂，学生收获最大的不一定是知识与技能，而是学会了学习。学优生就是这样炼成的。把学生当成听众或教师演讲对象不利于学优生发展，"授人以鱼，不如授人以渔"，在该节课就是一个很好的示范。教师有时不可过于"勤奋"，尤其在学优生培养中，要让学生走在前面，引导学生对所学内容感兴趣，教会学生如何思考和研究，是教师应该追求的目标。

三、商榷与探讨

（一）不妨舍弃一些"重要内容"

这节课一共提出 10 个思考问题，内容涉及抛物线、椭圆、双曲线、圆，位置涉及原点、焦点、切点，直线从一条到两条和三条等。仅就 10 个问题的研究，平均 4 分钟解决一个问题，这样大的学习思考量，学生完成的效果有待商榷。建议在 10 个问题中取其一部分课上以点带面做示范详细研究，课上就有了大量时间留给学生去自由"猜想与争鸣"，其余内容学生课后研究。

（二）多让学生"说出来""做出来"

教学需要"即时反馈"，由于本节课预设的内容过多，教师不得不采用"一问一答""自问自答""问而不答""播放课件""减少板书"等快速的节约时间的一些做法，使得课堂节奏紧张几乎没有留白，没有过多地让学生表演。

比如，在问题 3：教师引导"直线 $y=x-2$ 与抛物线 $y^2=2x$ 相交于 A，B 两点，当 $OA \perp OB$ 时，把三角板的直角顶点放在原点处，探究直角三角板斜边有什么共同特征，归纳尝试，提出一个数学命题"，然后学生开始操作，但给的时间太短，没有做到让多数学生发言和展示。事实上，这个探究不是很容易就能得出结论的，应该让学生讨论一番、展示一番、讲解一番。

再比如，问题 10："⋯⋯在直线与圆相切过程中，求 $|AB|$ 最大值及 $S_{\triangle AOB}$ 面积的最大值"的研究中，教师采用播放电脑课件的方式给出解答过程，学生作为观看者没有及时地反馈出学生的思考状态和接受情况，如果改为由学生说出结论，再给一定时间让学生解答出来可能效果更好些。

（三）要突出解析几何基本思想方法

该节课，课本一道习题作为问题 1"直线 $y=x-2$ 与抛物线 $y^2=2x$ 相交于 A，B 两点，求证：$OA \perp OB$"谈起，师生共同探究问题 2"满足 $OA \perp OB$ 的直线只有一条吗"，得出结论 1"过点（2，0）的直线与抛物线 $y^2=2x$ 相交于 A，B 两点，求证：$OA \perp OB$"，接下来逐步深入，直至探究完 10 个问题，得出 5 个命题，留了 5 道题的作业，这节课就接近尾声了。此时，教师以欣赏 2007 年陕西卷和 2009 年山东卷的解析几何题的惊人的相似之处进行了对高考题的"前世"的扣题和总结，这样结束这次课，可谓圆满。但笔者认为，该节课的落脚点放在一类高考题的相似研究上，未免有就题论题之嫌和片面追求解题技巧而忽视对数学本质的理解和提升。仔细思量这节课，学生虽然在知识与技能、过程与方法、情感态度价值观等维度上都得到很多收获，但仅就该节课的知识与技能看，应该凸显的是解析几何本质属性和强化解析几何的基本思想方法。因此，笔者认为要是在"计算"上给出一定的时间和空间，让学生感觉到"曲线与方程"的完美结合就更好些。事实上，学生学习解析几何中往往是有思路，但"算功"薄弱而算不出来。

（四）让学生提出 10 个问题和 5 个命题

整节课，教师精心预设好了一系列问题串确实很精彩，构思也很巧妙，教师在各个问题之间也恰到好处地用了"还有其他直线吗""尝试提出你的猜想"等引导启发的语言贯穿这节课,这是值得我们学习的。美中不足的是,师生完美地按着事先划定的教学设计线走了,学生的奇思妙想就未能充分展现出来了。问题出在什么地方呢?笔者认为,不妨把教学设计颠倒过来,设计成让学生提出这 10 个问题,让学生得出 5 个命题,让学生给出相应解答,这样教师就可以专心做学习的引导者了。

总之,一节成功的课,应该是在知识学习的同时,教师重在点拨学生的思维,守望学生探究的收获。此次研讨课教学过程中的一系列设计方法给我们诸多启发,既为大家提供了许多可供借鉴的成功做法,也给了我们许多值得思考研究的课题,比如高三的课应该怎样上才能满足学生需要,课堂才能高效?复习课如何注重能力培养与提升?高三复习课如何进行知识的整合与系统化?课堂观察量表该如何操作和利用?诸如此类,都是值得继续探索的课题。

第二章　核心素养的新视角

第一节　平面向量教学的切入点
——谈数学内在美与核心素养的关系

【题记】

　　笔者结合平面向量模块的教学写出本文，是针对学生在学习平面向量时，总是感觉"向量不切合实际""向量是形式化、理想化的想象的量"等问题，要想让学生接受一种新的数学知识，就要找到能使学生接受这一知识的"接受点"。本文把"向量的美感"作为"接受点"，让学生在"向量的应用价值美""向量的数学运算美""向量表示的符号简洁美"等方面立意，阐述平面向量知识的广泛应用价值和数学研究的巨大作用，对于教师平面向量的教学，会有一定的参考作用。

　　"平面向量"是新教材中增加的内容，由于这部分内容概念多、符号新，并且内容较抽象，有关的量与以往所学的量又不大相同，因而给学生学习带来困难。若学习不得其法，就会产生枯燥无味的感觉。在教学实践中，笔者认为，这部分内容中富含大量的美育契机，若能挖掘"平面向量"的美育功能并利用好"平面向量"中的内在美，不仅使学生的学习变得生动有趣，而且能较好地掌握"平面向量"中的知识和思想方法，培养创新精神，提高数学核心素养。

一、展示"平面向量"的产生背景，揭示向量的内在美

"向量"的概念是从物理中位移的概念抽象出来而成为平面内的一自由向量，虽然其符号形式抽象，但可以把位移作为背景图象，教学中可注意把握概念的物理意义，理解产生向量的实际背景，有助于学生认同新概念的合理性。

在教学时，可先引导学生举例：在客观世界中，哪一类量只与大小有关？（如：质量、体积、面积、比重、温度等），哪一类量既有大小又有方向？（如力、位移、速度、加速度等），从而引导学生从实际事例中引出向量定义。同时在介绍向量表示方法时，不妨介绍英国著名科学家牛顿最先用有向线表示向量，以此来激发学生学习数学的兴趣，培养其创造性，提高其创新意识。

在"向量加法"教学中，可向学生设问：应该怎样定义两个向量的加法？你能在物理中找到相似的实例吗？这样与物理结合就会激发学生的求知欲。

在向量的数量积 $\vec{a} \cdot \vec{b} = |\vec{a}| \cdot |\vec{b}| \cos \theta$ 的教学中，可以联系坐标的意义，让学生联想，就会使学生产生一种豁然开朗的感觉，惊奇地发现向量无处不在，能联系很多知识。

二、由"平面向量"应用的广泛性，展示向量的抽象美

首先，向量是应用非常广泛的数学工具，在教学中应注重培养学生应用向量的意识，通过平面向量运算、向量的坐标运算等，从"形"和"数"两个角度来思考和解决问题，提高学生分析问题、解决问题的能力，增强学生的创新意识，进而认识到向量是联系几何和代数的一座桥梁。

向量的坐标表示，实际上是向量的代数表示。在引入向量的坐标表示及向量的数量积之后，可以将向量的运算完全转化为代数运算。这样就可以将"形"和"数"紧密地结合在一起。因此，很多几何问题，特别是像"共线、共点"等较难问题的证明，就可以运用平面向量运算来轻易解决，也可以转化为学生较为熟练的代数运算来推理论证。这样的教学就有利于培养学生的发散思维的意识和能力，拓宽其解题思路。

例如，证明 $\vec{a} \perp \vec{b}$，既可以从数量积（代数的角度）去证明 $\vec{a} \cdot \vec{b} = 0$；又可以用平几中的矩形来证明两向量所在直线夹角为直角（几何的角度）

进行证明。

又如，不等式$||\vec{a}|-|\vec{b}||\leqslant|\vec{a}+\vec{b}|\leqslant|\vec{a}+\vec{b}|$（代数形式），又反映了三角形三边关系（几何的意义），这里就蕴含着数形结合的思想方法。

其次，在物理的力学和电学中，经常有力的合成等问题，就是直接运用向量知识来解决的。

最后，三角函数中的两角和与差的三角函数公式的推导、平面解析几何中的轨迹问题求法、复数中的复数运算法则及其几何意义等，均可直接运用向量知识得出。

三、在"平面向量"运算法则教学中，展示向量的简捷美

该章的概念及法则较多，而且与原来学过的代数、平面几何中的运算不尽相同，有些与旧知识、原有思维习惯相冲突甚至矛盾。因此，在本章的教学中，应引导学生多加比较才能加深理解。如"向量"概念与"数量"概念、"向量加法与减法"与"数量加法与减法"、"向量的数量积"与"数量乘法"、"向量坐标"与"点的坐标"之间的区别与联系。教学中应抓住其主要矛盾，进行分析比较，从而突出向量知识的实质，再依据逻辑关系进行推理，进而对与"方向"有关的量和相关知识形成"空前规模"的大统一，从而转化了新旧思维的矛盾，给人以和谐美感，在思维上给人以一种全新的视角，使各知识块高度统一于向量，这是多么简捷明快。

四、在"平面向量"教学中，展示向量识结构的整体美

由于向量具有几何、代数的双重身份，使它成为中学数学知识的交汇点，碰撞出的火花可成为联系多项内容的媒介物，因而有着广泛的应用。

例如，在解析几何中，向量作为一种有向线段，渗透到定比分点、斜率公式、参数方程等概念和公式中。又如，复数与向量的结合，使人不再认为复数是虚幻的了。此外，向量在函数、三角、平面几何中也有广泛的应用。

可见，"平面向量"能渗透到平面几何、三角、复数、平面解析几何以及物理的许多领域，是一门工具性极强、应用范围极广的学科。同时通过"向量"表示的坐标化，使"平面向量"具有了"形"与"数"的双重

特点，实现了"数"与"形"的紧密结合，为解决数学问题开拓了新思路。

"平面向量"引入高中数学教学，可以说是给高中数学带来了无限生机，学习了"平面向量"，可使学生形成系统的知识网络，开阔视野，提高数学素养，使解决数学问题的思路愈加丰富多彩，解题方法愈加便捷和多样化，培养了学生用辩证唯物主义观点去分析问题、解决问题的能力，提高了学生的空间想象能力和分析、解决实际问题的能力。

五、在"平面向量"教学中，展示向量的动态美

最新的数学教材课程标准中指出，要积极创造条件，采用教学手段进行辅助教学。随着教育现代化的不断推进，现代电教媒体正以独特的优势进入课堂，几何画板、PowerPoint、Authorware、Excel、Flash 等软件以及电子白板等设备在课堂中的应用也越来越广泛，使抽象的数学问题直观、形象，极大地提高了课堂教学质量和学生学习的兴趣。在"平面向量"的教学中充分运用这一手段进行教学，尤其能显现"平面向量"的动态美。在本章"平面向量"的坐标表示、线段的定比分点、"平面向量"的数量积及运算律以及正弦、余弦定理中三角形的有解性等的教学时均可采用多媒体教学。

例如，"平面向量"的坐标表示，是"平面向量"概念中的重点和难点，是"数"与"形"的统一体，学生对于向量坐标和向量位置无关的理解，比较困难。若能在教学时采用 Flash 动画演示的方法帮助学生对这个概念加深理解，学生对向量坐标表示和向量的"数"与"形"的结合，就理解比较深入了，课堂则充满乐趣，美丽的画面会深深刻在学生头脑中，且以后学生对点、函数图象、向量按"向量 a"平移后求相应点的坐标、函数解析式和"向量"坐标问题，就会迎刃而解。

平面向量教学中，处处都有展示其美感的素材，这就要求教师要在知识与思维的求异、求变、探源、引申与联系、应用与实践中创新激趣。

教育家赞可夫说："要以知识本身吸引学生学习，使学生感到认识新事物的乐趣；体验克服困难的喜悦。"在课堂教学中，寻美、设美、用美的方法很多，数学本身就是一门充满美的科学，其内在美、奇异美、对称美与和谐美等无不充满诱人的魅力。教学中应注意挖掘和运用美的内在联系、美的表现形式、美的直觉感受，营造美的氛围和美的情境，在创设美

的过程中，感受和应用美。"平面向量"的教学应该是充满美的教学，学生可在美的情境中学习和领会其知识与思想方法。

第二节 分段函数的实际应用
——谈数学建模与核心素养的关系

【题记】

"分段函数"在实际问题解决中的运用，有效地促进了数学核心素养的提升。我们知道，"分段函数"是一类特殊的函数，其定义域和对应关系都比较复杂，在许多生产生活中的实际应用比较普遍，其数学思想价值也很高，对于学生提高数学核心素养是非常好的载体。为此，笔者在课堂教学中作为一个专题，进行了一系列课堂教学的实践探索，并进行一定的理论研究。

一、"数学建模"的教学设计

数学教学的目的不仅在于传授知识、培养能力，更在于学生的核心素养发展，尤其是通过知识学习与探究过程对学生进行品格教育和思想教育。要较好地完成数学教学的这些功能，一个有效的途径，就是培养学生数学应用意识，使学生从"学会"到"会学"，再到"会用"。在数学知识的运用中，认识知识的起源、发生发展及其作用。这样做既更深层次地掌握了知识，又培养了能力，还增强了思想品格修养，从而培养了学生学习数学的兴趣及创新意识。

从应用的角度构筑数学知识体系、培养能力、发展数学核心素养，这是一个有机的整体，往往比罗列知识点和解题方法的老套路要生动自然。在学习中，各个章节及时插入"应用专题"或"创设应用情景"，专门研究该章节有关知识在实际生产生活中的应用，将是十分有益的教学路径。

"数学建模"是学习数学的重要核心素养之一。"数学建模"是对现实客观存在的实际问题进行信息收集整理，在进行数学分析、数学抽象、数学概括等环节选择适当数学模型，然后转化成数学问题，进行数学求解和数学运用的过程。"数学建模"是当前数学核心素养教育教学的一个热点，也是一个难点。这种"数学建模"的思路和方法，是目前核心素养教育的极好素材，对培养学生的创新思维习惯，发展学生数学应用能力会起到积极作用的。

《分段函数的实际应用》一课，就是基于上述认识，从应用角度对学生进行核心素养教育，并在教学中充分发挥学生主体作用，通过"阅读""观察""运算""讨论""问答""画图""思考"等环节，调动学生思维、启发学生思路，从而使本节内容在学生宽松、兴奋的心理情景下自主达成学习目标。

笔者首先用一幅函数图象及函数解析式，复习分段函数概念，接着从学生熟知的物理、化学中的"分段函数应用"入手，由浅入深地展开本节教学，这样设计有利于引导学生从"知识"走向"应用"。

接着用"商品销售"及"供水收费"两问题，进一步分析应用分段函数解决现实生活中的实际问题，这样设计有利于引导学生从"课堂所学"走向"现实问题"，增强应用意识。

该节课教学中涉及"图象""表格""文字理解"，有利于培养学生使用和认识这些常见的表达问题的形式。

此外，该节课例题的配备上应注意到：例1是"看图说含义"；例2是"看图写解析式"；例3是"已知分段函数解析式，直接应用"；例4是"先写出分段函数解析式再进行数学上的讨论"，题型不断变化，思维层层深入，有助于培养学生归纳处理信息，以及分析和解决问题的能力。

二、"数学建模"的教学目标

知识目标：

1. 加深对函数，特别是分段函数的理解。

2. 初步领会应用分段函数解决实际问题的方法。

能力目标：

1. 培养学生的识图能力和识表格能力。

2. 初步培养学生由实际问题转化为数学问题的抽象概括能力；对问题的分析与综合等逻辑推理能力。

思想目标：

通过数学知识在实际问题中的运用，培养学生的数学应用意识；认识理论与实际之间密切相关、相互为用的辨证观点。

三、"数学建模"的教学重点、难点和关键

重点：分段函数在实际问题中的应用。

难点：对实际问题的分析以及由实际问题抽象为数学问题。

关键：对实际问题的分析与抽象转化。

四、"数学建模"的教学过程

（一）复习分段函数的概念，启动学生思维

用微机在大屏幕上显示一个具体的分段函数的图象（如下图 2-1），教师结合图象说明分段函数概念（强调："不同的自变量取值范围有不同的对应法则"这一核心）。

例题 2—1　已知函数 $f(x) = \begin{cases} -x^2+2x+2 & (0 \leqslant x \leqslant 2), \\ x & (x > 2), \end{cases}$ 画出其图象如下。

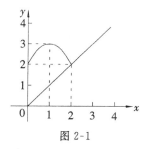

图 2-1

（二）分段函数的实际应用例析

1. 分段函数在化学中的应用举例

例题 2—2　如下图 2-2，某化学反应在有催化剂存在时的 v-t 图。v 表示化学反应速率，t 表示反应时间，试分析该图象表示的化学含义。

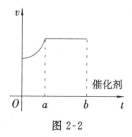

图 2-2

在大屏幕上出示问题，给出图象，学生观察、思考并回答此题，通过此题点拨学生初步应用分段函数阐述化学现象的思路。

2. 分段函数在物理中的应用举例

例题 2－3　如下图 2-3，某同学在乘车过程中，部分时间内汽车运动的 s-t 图象。

（1）你能描述该车做什么样的运动吗？

（2）试写出函数关系式。

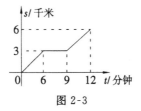

图 2-3

利用微机大屏幕出示题目，学生读题、观察、思考，先口答第（1）问题；再议论、演算后，回答第（2）问题。

由例题 2-2、例题 2-3，教师做小结，启发学生初步认识分段函数确有实用价值，并且在学生们所熟悉的其他学科中有着广泛而重要的应用；由此将学生的思维及研究兴趣引向高潮，学生们呈现出跃跃欲试的兴奋状态，再利用 CAI 系统，给出动态图 2-4（描述小汽车的运动过程，

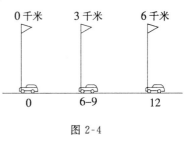

图 2-4

以及由图象写出的函数式，初步训练了学生识图象用图象的能力）。

$$f(t) = \begin{cases} \dfrac{1}{2}t & (0 \leqslant t \leqslant 6), \\ 3 & (6 < t \leqslant 9), \\ t-6 & (9 < t \leqslant 12). \end{cases}$$

3. 分段函数在商业活动中的应用举例

例题 2－4　某商品在近 30 天内每件的销售价格 P（元）与时间 t（天）的函数关系是 $P = \begin{cases} t+20 & (0 < t < 25, \ t \in \mathbf{N}), \\ -t+100 & (25 < t < 30, \ t \in \mathbf{N}). \end{cases}$

该商品的日销售量 Q（件）与时间 t（天）的函数关系是：

$Q = t+40 \ (0 < t \leqslant 30, \ t \in \mathbf{N})$，

求这种商品的日销售金额的最大值。

教师点拨：（1）本问题涉及哪几个量？（2）这些量之间有什么等量关系？

学生活动：思考、议论、解答。

引导学生研究：（1）辨析 $P \cdot Q$ 等于什么？其实际意义又是什么？如何进行 P 与 Q 的乘法运算？为什么？[教师利用微机大屏幕给出 $P = f(t)$ 及 $Q = g(t)$ 两函数图象使学生有直观认识]。

结合图 2-5 加以说明。

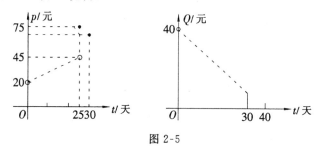

图 2-5

$$P = \begin{cases} t+20 & (0 < t < 25, \ t \in \mathbf{N}); \\ -t+100 & (25 < t < 30, \ t \in \mathbf{N}). \end{cases} \qquad Q = -t + 40 \ (0 < t \leqslant 30, \ t \in \mathbf{N}).$$

（2）如何求 $y = P \cdot Q$ 的最值？

方法是：分段求最值再进行比较，即"分类讨论＋综合分析"的方法。

最后教师评价学生的研究成果："分段"是必要的，即分类讨论思想。

分段函数在商品销售等问题中的应用方法及应用意识。

再结合 $y = P \cdot Q$ 函数图象（图 2-6）加以说明，增强学生对本问题的感性认识。

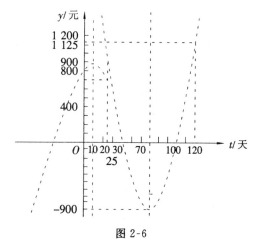

图 2-6

例题 2—5　我国对水资源开发与保护十分重视，居民有较好的合理用水，节约用水意识。某市采用价格调控等手段来达到节约用水的目的，设用水收费的方法是：

水费＝基本费＋超额费＋损耗费

若每年用水量不超过最低限量 a（m^3）时，支付基本费 8 元和每户每月的定额损耗费 c 元；若用水量超过 a（m^3）时，除了支付同上的基本费和定额损耗费外，超过部分每立方米付 b 元的超额费，已知每月每户的定额损耗费 c 不超过 5 元。

现有一家庭今年 1 份月至 3 月份的用水量和支付水费如表 2-1：

表 2-1　1—3 月用水量和水费

月份	用水量	水费
1 月份	9 m^3	9 元
2 月份	15 m^3	19 元
3 月份	22 m^3	33 元

请根据上表中的数据，确定该市的收取水费的计算公式，并指出每月用水的最低限量和超过该限量时超过部分的用水量每立方米的收费价格。

微机大屏幕出示题目后，把学生分成小组，进行讨论，教师可就题中的关键语句给以提示，并分四个阶段启发学生思维。

（1）理解题意阶段：第一，弄清楚收水费的规则；第二，理解好"基本费""超额费""定额损耗费"等名词的含义及相互关系；第三，如何计算这三种费用？

（2）列式阶段：以提问形式让学生列出数学关系式

$$y=\begin{cases}8+c & (0<x\leqslant a),\\ 8+c+b\,(x-a) & (x>a).\end{cases}$$

（3）识表格用表格阶段：让学生充分研讨该家庭每个月的水费各是如何计算出来的？

（4）列方程：求 a，b，c 并进行节水教育阶段。

一般来说，求 a，b，c 的值时，关键是如何将 3 个月份中的每个月的用水量及该月水费分别代入到分段函数式中的哪个段的解析式中，此题可以有如下三种解决方案。

【方案一】

设 $y=\begin{cases}8+c & (0<x\leqslant a), \quad ①\\ 8+c+b\,(x-a) & (x>a). \quad ②\end{cases}$

$\because 0 < c \leqslant 5$，$\therefore 8 + c \leqslant 13$，$\because 19 > 13$，$33 > 13$，$\therefore \begin{cases} x=15, \\ y=19 \end{cases}$ 及 $\begin{cases} x=22, \\ y=33, \end{cases}$

代入②可得 $\begin{cases} b=2, \\ 2a=19+c. \end{cases}$ ③

讨论 1 月份水费：假设 $9 < a$，则把 $\begin{cases} x=9, \\ y=9 \end{cases}$ 代入②，得 $9 = 8 + c + 2(9-a)$，即 $2a = 17 + c$，这与③矛盾。

$\therefore 9 < a$，$\therefore \begin{cases} x=9, \\ y=9 < a \end{cases}$ 适合①，代入，得 $c=1$. $\therefore a=10$，即 $a=10$，$b=2$，$c=1$.

【方案二】

同上知 2 月份、3 月份按②计算水费，对于 1 月份水费讨论如下：

由③知 $0 < c = 2a - 19 \leqslant 5$，$\therefore 9.5 < a \leqslant 12$，从而 $9 < 9.5 < a$. 即 $9 < a$.

$\therefore \begin{cases} x=9, \\ y=9 \end{cases}$ 适合①，$\therefore 9 = 8 + c$，$\therefore c=1$.

【方案三】

由表可知：1、2、3 月份水费不等，

$\therefore 3$ 个月份中不可能有两个或三个月用水量同时小于最低限量 a（m^3）。

$\therefore 0 < a < 9$ 或 $9 \leqslant a < 15$.

当 $0 < a < 9$ 时，3 个月份均超过了最低用水限量，则有

$$\begin{cases} (9-a)b + 8 + c = 9, & ④ \\ (15-a)b + 8 + c = 19, & ⑤ \\ (22-a)b + 8 + c = 33, & ⑥ \end{cases}$$

⑤－④得，$b = \dfrac{5}{3}$，⑥－⑤得，$b=2$.

所得值相矛盾，$\therefore 0 < a < 9$ 不符合实际意义，舍去。

当 $9 \leqslant a < 15$ 时，1 月份用水量低于最低限量，2、3 月份的用水量超最低限量。

$$\therefore \begin{cases} 8 + c = 9, \\ (15-a)b + 8 + c = 19, \\ (22-a)b + 8 + c = 33, \end{cases} \text{解得} \begin{cases} a=10, \\ b=2, \\ c=1. \end{cases}$$

用CAI手段给出水费计算公式的函数图象（图2-7），给学生直观的印象。如下图。

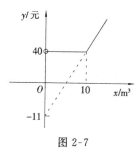

图 2-7

$$y=\begin{cases} 9 & (0<x\leqslant10), \\ 2x-11 & (x>10). \end{cases}$$

教师加以小结。

解决实际问题的一般方法：

实际问题 → 数学问题 → 解答数学问题 → 回答实际问题

五、小结与课后思考题

（一）小结

数学建模思想，就是分析实际问题，建立数学模型（数学中的等式、不等式、函数等），分析解决数学问题，回答题目所问。

（二）思考题

微机大屏幕出示。

思考题 某蔬菜基地种植西红柿，由历年市场行情得知，从2月1日起的300天内，西红柿市场售价与上市时间的关系用下图2-8的一条折线表示；西红柿的种植成本与上市时间的关系用下图2-8的抛物线段表示。

①写出下图表示的市场售价与时间的函数关系 $p=f(t)$；写出下图表示的种植成本与时间的函数关系式 $q=g(t)$。②认定市场售价减去种植成本为纯收益，问何时上市的西红柿纯收益最大？

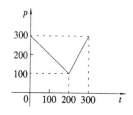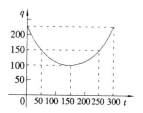

图 2-8

六、"数学建模"的教学反思

该节课从现实存在的物理、化学问题，商品经济、用水收费等社会热点问题出发，分析、抽象出数学问题，进行数学建模，从中归纳、总结出分段函数的表达式，然后用数学知识加以解决。从不同侧面，层层深入，着力培养学生的数学应用意识和创新精神。这在高三复习过程中，对深化知识、培养能力、构筑新的数学知识体系是一个大胆的尝试。

在这节课的课堂教学过程中，抓住用分段函数建模这一中心，突出重点，分散难点，自始至终地围绕着对实际问题的分析、反思、深化，让学生自我发现、纠正，完善问题的解决途径，发挥学生的聪明才智。让学生从不同角度，用分段函数去处理相关的实际问题，把握问题的本质，揭示解题规律，培养学生的优良思维品质，提高分析、探索能力和创造能力。

整个教学设计合理，体现了由浅入深的原则、面向大多数学生，结合分段函数的实际问题，训练学生识图象、识表格、阅读理解等获取新知识的能力以及收集处理信息的能力。课堂中成功地使用了现代化教学手段，合理地使用微机教学，加大了课堂的容量，拓广了学生的发展空间。

这节课遵循自主学习师生互动的核心素养教育理念，以发展学生核心素养、培养数学核心能力为主线，充分研究学生学习心理和认知结构等规律，贯穿教师对数学实际问题的深刻理解，体现了"学思结合、学用结合、学习动机和学习毅力结合"的现代教育理论，从课堂实际教学效果来看，可以称为一节有创新的数学课。

第三节　都是"p"惹的祸
——逻辑推理教学的一个案例

【题记】

教师对教材的掌握程度，决定了教师教学效果的发挥，深挖教材、熟悉教材是用好教材的前提。本文就教材《选修2—1》第一章命题与逻辑，其中前后出现多次的字母"p"的各种不同含义通过例子剖析了"$\neg p$""p的否定"及"否命题"内在关系，澄清了一些模糊认识，告诉我们研究教材的一个方法，也展示了数学逻辑与推理教学应该注意的一些问题。

对有关"¬p""p 的否定"及"否命题"的题目，经常出现一些模糊的甚至是错误的认识，学习中有必要加以梳理和澄清。

一、明确教材上的定义或规定

1. 符号"¬p"在教材中最先出现在"四种命题"一节：原文是"……用¬p 和¬q 分别表示 p 和 q 的否定"，这里"p"和"q"分别表示命题的条件和结论，而命题的条件或结论可以是命题也可以是一般的开语句，因而符号"¬"就是对命题或开语句的"否定"的意思。

2. "p 的否定"常常联系"非"字，教材在"逻辑联结词"一节指出，"非"是否定的意思，这里要注意作为逻辑联结词的"非"字，只是指对命题进行否定，非 p 也叫作"命题 p 的否定"。

3. "否命题"是"四种命题"中的一种：原命题"若 p，则 q"的否命题是"若¬p，则¬q"。可见，"否命题"是相对原命题而言的，是对原命题的"条件"和"结论"分别进行"否定"后得到的新命题。

二、比较"¬p""p 的否定"及"否命题"三者的关系

基于上面对教材中的定义的剖析，我们可以对"¬p""p 的否定"及"否命题"进行分析和比较，得出如下结论。

第一，"¬p"和"p 的否定"的区别。

由于这里的"p"的含义有两种：一是"p"可以是命题也可以是一般的开语句，此时"p"作为命题的条件或结论的身份，出现在"四种命题"中；二是"p"只能是命题（而不能是非命题的一般开语句）。

当"p"是简单命题时，"¬p""非 p"和"p 的否定"的含义是完全相同的，都是指对简单命题"p"的否定。

当"p"不是简单命题而是一般开语句时，"¬p"是对该语句的否定，这时"p"可作为命题的条件或结论出现在"四种命题"中，写出"¬p"通常的目的是可以得到否命题。而要写出命题 p 的否定，"p"必须是命题，故当"p"不是命题时"p 的否定"就无从谈起了。

可见，在中学阶段，符号"¬p"要么在四种命题中表示对语句"p"的否定，要么表示对命题"p"的否定（此时 p 常常是简单命题），而在其他情境下出现"¬p"时，一般应简单理解成"对 p 的否定"。

当"p"不是简单命题，而是一般的复合命题时，中学阶段一般不研究"$\neg p$"或"p 的否定"。

当"p"是"四种命题"的"若……则……"型的命题时，"$\neg p$"即"p 的否定"，是指对该命题的否定（不同于命题 p 的否命题）。

第二，"p 的否定"与"否命题"的区别。

"命题 p 的否定"：命题"p"分为简单命题和复合命题，对简单命题 p 的否定，是"非"p，即"命题 p 的否定"，只是否定命题的结论。

"否命题"一般是就四种命题而言的，"若……则……"型的"命题 p 的否命题"，不是否定命题的结论，而是对条件和结论均否定，得到"若 $\neg$……则 $\neg$……"的新命题，也就是说，"否命题"既否定命题的条件又否定命题的结论；可见，"否定"与"非"是有区别的。

三、写出"p 的否定"及"否命题"注意的问题

（一）当"p"不是命题而是一般的开语句时

该语句的否定"$\neg p$"（或称"p 的否定"）的写法：

含有量词的命题（属于谓词逻辑范畴，常见的量词是全称量词和存在量词），其否定常可用"正面词"与"反面词"来写出，如表 2-2：

表 2-2　正面词与反面词

正面词	都是（是、必定是）	任意的	所有的	至多一个	至少一个
反面词	不都是（不一定是）	某一个	某些	至少二个	一个也没有

例如，设 p：若三角形有两个内角相等，则此三角形是锐角三角形。

非 p：若三角形有两个内角相等，则此三角形不一定是锐角三角形。

（二）命题的否定

即"非"命题的写法：

"非"命题是对原命题的否定，它和原命题构成一对矛盾命题（不同于对立命题），原命题与原命题的否定应是一真一假的。

1. 简单命题的否定：如"是"对应"不是"（注意：此时的"是"仅作为判断词）；"大于"对应"不大于"等。

2. 对于复合命题"p 或 q"及"p 且 q"的否定：可应用德摩根定律，简记为"或且互换，条件结论原地否定"。

3. 对"若 p，则 q"型命题的否定：

（1）当 p，q 都是命题时，得到的否定命题是"p 且 $\neg q$"，即"虽然

p，但非 q"（不是"若则"型命题了，更不是"若 p，则 $\neg q$"）；

例题 2—6　p：若 $2+2\neq4$，则 $2+3\neq5$，求 $\neg p$。

【解法】$\neg p$：虽然 $2+2\neq4$ 但 $2+3=5$。

例题 2—7　p：若 $x^2+y^2=0$，则 x，y 全为 0，求 $\neg p$。

【解法】$\neg p$：虽然 $x^2+y^2=0$，但 x，y 不全为 0。

说明：这里"若 p 则 q"中的 p 和 q 虽然都是开语句但中学阶段有时可仍视为命题，而含有"可能""必然"的命题在简易逻辑中不能看成命题，对含有"不一定是""可能是"等词语的命题则超出简易逻辑的讨论范围。

（2）当 p 和 q 不是命题而是开语句时（这时称"若 p 则 q"为假言推理或复合条件命题），其否定命题较复杂。

例题 2—8　p：若 $x^2>9$，则 $x>3$，求 $\neg p$。

【解法】$\because$ 该命题的完整表述是"对任意实数，若 $x^2>9$，则 $x>3$"，

$\therefore$ 其否定命题 $\neg p$：存在实数 x_0，满足 $x_0^2>9$，但 $x_0\leq3$。

（三）关于含"$\geq$""$>$""$=$""$\neq$""$<$""$\leq$"形式数学式的"$\neg p$"和"否命题"的写法

作为逻辑联结词的"或"是"可兼或"（而自然语言中的"或"是"不可兼或"）；作为开语句中的"或"可以有两种含义（"可兼或""不可兼或"）。

用"$\geq$""$\leq$"联结的语句都是"不可兼或"，例如：要证不等式 $f(x)\leq0$，就是指只有在"$<$""$=$"都成立时"$\leq$"才成立。

学习中常见的疑问："$\geq$"的否定一定是"$<$"吗？正确回答：有时是，有时不是。举例如下。

例题 2—9　（1）已知 p：$|5x-2|>3$，q：$x^2+4x-5\geq0$，则 $\neg p$ 是 $\neg q$ 的什么条件？

（2）已知 p：$|5x-2|>3$，q：$\dfrac{1}{x^2+4x-5}\geq0$，则 $\neg p$ 是 $\neg q$ 的什么条件？

【解法】（1）$\because\neg p$：$|5x-2|\leq3$，即 $\neg p$：$-\dfrac{1}{5}\leq x\leq1$；

$\neg q$：$x^2+4x-5<0$，即 $\neg q$：$-5<x<1$，

$\therefore\neg p$ 是 $\neg q$ 的既不充分也不必要条件。

【解法】（2）$\because\neg p$：$|5x-2|\leq3$，即 $\neg p$：$-\dfrac{1}{5}\leq x\leq1$；

$\neg q$：$\dfrac{1}{x^2+4x-5}<0$，即 $\neg q$：$-5<x<1$，

$\therefore \neg p$ 是 $\neg q$ 的既不充分也不必要条件。

本题第（1）题的解法正确，此时"≥"的否定确实是"<"；第（2）题解法错误。因为对 q 的否定按定义应为：q 不成立，即 $\dfrac{1}{x^2+4x-5}$ 不大于或等于 0，对 $\dfrac{1}{x^2+4x-5}$ 而言，当分母 $x^2+4x-5=0$ 时，$\dfrac{1}{x^2+4x-5}$ 无意义，是符合不大于或等于 0 的，所以 $\dfrac{1}{x^2+4x-5}<0$ 不是对 q 的否定，此时"≥"的否定就不是"<"。或者说，错因是：在写否定时，应注意"大前提"和隐含条件。

【正确解法】$\neg q$：$x^2+4x-5=0$ 或 $\dfrac{1}{x^2+4x-5}<0$，$\therefore \neg q$：$-5 \leqslant x \leqslant 1$，$\therefore \neg p$ 是 $\neg q$ 的充分不必要条件。

（四）从集合观点看"¬p"和"否命题"

1. 一个命题 p，可以看成是对集合中元素性质的描述，它可以分为两大类。

第一类，命题 p：集合中某个元素 a 是 S。

则 $\neg p$：集合中某个元素 a 不是 S。

这里"a 不是 S"构成对"a 是 S"的否定。

例题 2—10 命题 p：2 是 10 的约数，求 $\neg p$。

【解法】$\neg p$：2 不是 10 的约数。

第二类，命题 p：集合中（所有）元素是 S。

则 $\neg p$：集合中（所有）元素 a 中至少存在一个元素不是 S，即集合中（所有）元素 a 不一定是 S。也就是说，只要有一个元素不是 S，就是对"（所有）元素是 S"的否定。

例题 2—11 命题 p：平行四边形的对角线相等，求 $\neg p$。

【解法】$\neg p$：平行四边形的对角线不一定相等。

2. 从集合的角度看"$\neg p$"：

我们知道，求补集时常会错误地认为，若不等式 $f(x) \geqslant 0$ 的解集为 A，则不等式 $f(x)<0$ 的解集是 A 的补集 $\complement_U A$。比如不等式 $\dfrac{x-2}{x-2} \geqslant 0$ 的解集是 $(-\infty, 2) \cup (2, +\infty)$，而不等式 $\dfrac{x-2}{x-2}<0$ 的解集却是 $\varnothing$，而非 $\{2\}$。

但在求"p"的否定时，则一定有：语句"p"（或命题"p"）所指对象构成集合 A 时，"p"的否定"$\neg p$"所指对象构成的集合一定是 A 在 R 中的补集 $\complement_U A$。

例题 2—12 已知 p：$\dfrac{x-4}{x^2+3x-10}>0$，求 $\neg p$。

常有下面两种正确解法：

【解法 1】先解不等式：$\dfrac{x-4}{x^2+3x-10}>0 \Leftrightarrow (x^2+3x-10)(x-4)>0$ 解得 $-5<x<2$ 或 $x>4$；再求它在 R 中的补集，得 $x \leqslant -5$ 或 $2 \leqslant x \leqslant 4$，$\therefore \neg p$：$x \leqslant -5$ 或 $2 \leqslant x \leqslant 4$。

【解法 2】$\neg p$：$\dfrac{x-4}{x^2+3x-10} \leqslant 0$，或 $x^2+3x-10=0$，$\therefore \neg p$：$x \leqslant -5$ 或 $2 \leqslant x \leqslant 4$。

注意：用解法 2 的方法解题，常会出现漏掉"$x^2+3x-10=0$"的错误，这是因为 p 中数学式隐含"且 $x^2+3x-10 \neq 0$"的条件，其否定当然应有"或 $x^2+3x-10=0$"了。

总之，应弄清"$\neg p$"和"p 的否定"以及"否命题"三者的内在关系，深刻理解"对 p 的否定""$\neg p$"的简单含义，还要注意区分清楚命题是简单命题还是复合命题，不要做一般的扩展和引申。

第四节 数学课堂上的"疑问句"
——谈教学语言与核心素养的关系

【题记】

核心素养的发展在于学生思维品格的提升，但课堂上存在满堂灌的"灌输式讲解"，被动学习等问题，教师一味地讲，经常以"陈述句"的形式出现，而互动式教学需要教师提出问题来让学生思考，常常以"疑问句"形式呈现。本文的"疑问句"就是指"互动、探究"的课堂，是实施核心素养教育的一个具体途径和教学主张。在教学中，运用该文观点，具有较强的可操作性和实用性。

　　面对核心素养教育理念，探索能够具体体现这一理念的教学方式是当务之急。笔者认为，数学课堂语言上变陈述句为疑问句，是一个有益的教学探索，它改变了以往的教师为主讲，"把知识陈述给学生"的传统教学模式，"教师置疑引导、激发学生主动探索知识"的教学新理念走入课堂。笔者认为，数学课堂应该倡导"变陈述句为疑问句"，这里的"疑问句"，不仅指它作为一种教学用语的语言方式，还包含课堂教学方法及教学理念。

　　有这样一堂高一新课程数学课，讲《函数概念及初步应用》。老师上课的开场白是："在初中，我们学习过函数概念，你能说出代数式与函数式有哪些不同吗？"接着，在整节课中先后穿插使用了"你知道函数名词是怎样演变的吗？""中国对函数的理解经历了哪些过程？""常量与变量有什么关系？""你能说明对应与相等、运动与恒定有哪些联系吗？"等一系列的精彩的疑问句，整节课师生互问互答相互评论，学生情绪快乐，课堂气氛活跃，学生对函数知识的探索欲非常高涨。这节课成功地把新课程理念真正落实到了课堂中。这节课最突出的特点就是将新课程理念具体化，课堂教学表现形式的最主要特点是成功地使用了"疑问句"。

　　新课程的教育理念需要教师采取一系列可行而有效的具体措施落实到课堂教学中，探索具体体现新课程理念的教学方式方法是面对新课改实施新理念的当务之急。笔者认为，在课堂上，能够恰当使用疑问句——变陈述句为疑问句，是一个较好的教学探索，它不论是从形式上还是从理念上，都体现了改变以往的"把知识陈述给学生"，变成了现在的"激发学生去探索知识"，体现了把过去的"教师为主讲"变为了"教师置疑引导"，让"学生去主动思考"的教学新理念的本质变化。

　　教学中变陈述句为疑问句，这里的"疑问句"，不仅指它作为一种教学用语的语言方式，还包含用语背后代表的课堂教学理念及教学方法。作为教学理念和方式的"疑问句"有如下八个方面的作用。

一、恰当使用"疑问句"，有集中学生注意力、引起学生思考的作用

　　如《函数的概念》一课，教师平淡地提问或陈述"初中学过的函数概念"让学生回忆并背诵，学生会觉得很枯燥，更谈不上积极思考了，而教

师若是提出疑问"代数式与函数式有哪些不同",则学生就会情不自禁地思考,思绪放松就可能在知识的海洋中畅游。两种方式,教育教学的效果会有天壤之别。现代的课堂,要求少一些陈述多一些探索。

二、精彩的"疑问句",有指明知识探索方向的作用

数学新教材在行文上的一个重要变化,就是加大了"思考与探究"的量,教材中许多地方本身就是用疑问句提出问题表述知识的。教师在课堂上不要把教材的这个特色给忽略掉,应该在教材已有的疑问句基础上自己再多预设一些好的疑问句,使学生在质疑、析疑、解疑、答疑的探索过程中学懂知识学会学习。教师在课堂上能够及时提出一系列好的疑问,学生才会在教师引导下去主动探索所学知识,师生的思维方向就易于统一到课堂教学目标上来,思维才会和谐并引起共鸣,教学目标的完成才有保障。

三、"疑问句"有激发学生思维的作用

以往以陈述句为主的课堂,在气氛上,不利于活跃课堂氛围和打造紧张但不疲劳,愉快但不松散的良好学习状态。尤其平铺直叙的陈述,使学生对知识学习感到很累,觉得学习就是知识的捆客,甚至产生厌倦厌学现象。现代学生喜欢欢快的课堂,简明的学习,民主的氛围,求真的探索又有乐趣,而巧妙的疑问句是思维的导火索,平淡的陈述句是催眠剂 新课程理念下教师对学生提出具有挑战性的疑问,可引起学生发散思维,让学生展开联想和想象力,引起"思考了"教学才有"能想到"的结果。

四、"疑问句"让数学课堂走向"主动探究"

数学课堂上的"疑问句",形式上,在于"向知识发出疑问""向学生提问""师生之间互问"等,而理念上,学生是学习的主体——学生向教师发问,学生向同学发问,向书本、网络发问,教师经常性地运用质疑教学法,学生就会形成良好的自主学习的习惯。学且思则有问,不学不问,学生能提出问题,表明他们先学或思考了想到了,从而使学习走向主动探究。

五、"疑问句"有关注学习过程的作用

陈述句课堂，往往淡化甚至舍弃了刨根问底的数学探究过程，直接将教条的结论，交给学生，直接把教条的结论用于解题和应试，体现了应试教育观；疑问句的课堂，则比较容易地找回知识的来龙去脉即知识的形成过程。多问几个为什么，有利于使教学返璞归真地探索，使学生对知识发生发展有探究的思绪、探究的欲望和探究成功的条件，好的疑问就是学习的开始、探索的阶梯。

六、学生之间的"疑问句"是合作学习的良好开始

合作学习是新课程理念中的重要内容，"学会学习、学会合作、学会做人"在数学课堂教学中如何体现呢？疑问句的课堂，可让学生先学会质疑，学会提出疑问，分析思考遇到的疑问，善于质疑是善于分析的前提，学问当问，既学又问，同学之间能够交流疑问探索疑问，合作就有了基础。学习中的"提问"有调查、检查的作用，学生回答时有向老师和同学通报的作用；"疑问"有质疑作用，提出疑问有表明学习现状的汇报作用、请教作用，对知识拿不准的疑问，有求证、印证的作用。这些都会使学生感到合作学习是实实在在的有力的学习方式，认识到合作学习的必要性，就会使合作学习成为学生获取知识的有利途径。

七、"疑问句"有使知识增殖的作用

师生之间或学生之间的相互疑问，相互刺激思考，会成为激发探索学习的连锁反应，没有疑问学习就没有动力，较少的质疑会带来较多的疑问，会生成新的疑问，疑问句的使用会使这种激发疑问的作用更加明显，也是其他语句的教学用语无法做到的。疑问句的课堂，可使学习的知识"活"起来。陈述句的课堂是"灌输"的课堂，是以教师为主讲来展开知识的，教师是课堂的主体和主宰，而学生只能是受体，是课堂的听众。陈述句适合于条件结论过程都已明确的固有不变的死知识，是有一说一的简单传播与识别记忆；疑问句教学适合于灵活多变的活知识，在一问一答、一问多答、多问一答等的互问互答中，涉及了众多知识信息，使知识在融合与重组中产生了增殖。因而，疑问句可以把知识教活了，在知识传承

中，开发了学生的智力因素与情商。

八、"疑问句"有利于教师有针对性的教学，是良好便捷的教学反馈途径

学生向教师提出的疑问，既可反映学生的学习状况、思维特点和心理情况，又可反馈知识探索中的困难，教师就可以有目的的预设课堂过程，修改或调控教学进程，同时，师生间的质疑，有利于和谐民主气氛的营造和形成，从而提高了教学效率。有的教师不愿使用"疑问句"教学的一个原因就是认为质疑费时，教学效率低。其实，短期使用质疑教学会有短暂的浪费时间现象，但形成质疑教学习惯后，从长远角度看，却是一劳永逸的学生终身受益的高效学习方法。

对比"陈述句的教学"和"疑问句的教学"，虽然简单明快的知识讲解能直入主题省时省力，直接告诉学生一些知识点、概念、公式、定理等结论以及注意什么、易混易错的事项等，常常能使学生掌握知识结论，解题答卷的应试效果好，教材的行文方式及教师上课的讲解语句也大多用陈述句，有时使得有些学生也乐于让教师用陈述句明确告知学习内容和解题方案。这可能会迎合了应试教育的短期见效需求，但长期的"告知"教育，学生就会养成依赖性习惯，遇到新问题时往往也会在期盼有人"告知"了，甚至成为没有指令就不会工作的"书呆子"。毫不夸张地说，陈述句就是旧的教育观念的象征，陈述句在知识的传播中功不可没，但疑问句更有利于能力开发。疑问句的使用正是打破旧的课堂教学方式的一个有效工具。

数学课堂上的疑问句，会给数学教学带来一片生机。推而广之，在我们的课堂教学用语（及用语的背后代表课堂教学理念及教学方法）中，还应大力挖掘那些体现新课程理念的用语，如鼓励性、评价性的用语等，以往的课堂学生是听众，他们能够认真听讲就是好学生了，但与时代对人才的创新需求却格格不入，也不符合新课程理念的教育目标要求。现代新课程的数学课堂，呼唤新的教学措施，我们可以探索变陈述句为疑问句的做法，在数学课堂上多运用一些精彩恰当的疑问句。

第五节　核心素养理念下教学设计的案例研究

【题记】 ------------------------------------

　　教学设计应突出每节课的教学主题，这个主题，就是这节课的教育价值（学科知识价值、思想价值、人文价值等），就是蕴含在知识探究的整个学习过程中，学生应该收获的东西，包括这节课知识研究的独特数学科研方法、研究路径与手段，也包括这节课学生应掌握的数学技能、数学思想观点与方法，以及这节课可发展的学生数学核心素养等。这个主题是教师心中必须明确的贯彻整节课的主线，它能够把这节课各个环节"串起来"。

　　没有这个主题，这节课要么是教师一味讲解的流水账，要么是一个个知识点的枯燥组合，要么是"形散意更散"的例题习题拼盘，课堂形态经常是一个个定理公式习题堆积在一起构成的"臃肿"体态。

　　没有精心设计的课堂，常常是师生满堂忙乱而不知道初衷是什么的课堂。

　　精彩的课堂，需要"骨感"的简约式教学，这样才能突出重点和主题。

　　教学设计时，必须围绕这节课的主题，把自己知道的与这节课相关的许多"好问题"经过"减肥瘦身"的选材过程，减到少之又少，简约到不能再少了才最好。

　　精彩的课堂氛围，应该是师生忙而不乱的探究，既有密不透风的紧张思索，又有轻松愉快的大片留白，课堂呈现出自然和谐的"科研状态"。这样的课堂，就需要教师精心的研究这节课知识思想体系、研究思考学生的基础现状、研究这节课应该以什么形式呈现在师生面前。总之，好课一定是来自教师的精彩设计。

一、《平面与平面平行的判定》教学设计

　　该设计获《全国中小学教师教育技术能力建设计划应用成果》优秀教学设计国家级一等奖。

（一）教学设计

表 2-3 《平面与平面平行的判定》教学设计流程

题目	平面与平面平行的判定	授课时间	
所属学科	数学	适用年级	高中一年级

教学目标分析（结合课程标准说明本节课学习完成后所要达到的具体目标）：

1. 知识与技能

（1）熟练掌握平面与平面平行的判定定理；

（2）会应用定理证明简单的面面平行问题；

（3）通过图形探究平面与平面平行的判定定理，培养学生观察、发现的能力和空间想象能力。

2. 过程与方法

（1）学生通过观察实物和立体图形探究平面与平面平行的判定定理的学习过程，使学生体验数学的逻辑性，体会空间与平面互相转化的数学方法；

（2）通过定理的实际应用使学生感受数学是有用的。

3. 情感、态度与价值观

（1）鼓励学生大胆探索，培养学生的空间想象能力和逻辑推理能力，同时养成自主探究习惯；

（2）让学生在探究和发现中学习，增强自主学习的积极性，激发学生学习立体几何的兴趣；

（3）让学生了解空间与平面互相转化的数学思想。

学习者特征分析（结合实际情况，从学生的学习习惯、心理特征、知识结构等方面进行描述）：

1. 从学习立体几何到本节，学生有了一定的立体图形直观感觉能力，但空间想象力、空间几何元素推理能力、集合符号的运用能力等均需加强。因而本节学习仍需要借助实物模型、几何教具、长方体和正方体图形，为培养学生空间想象力和空间图形的推理能力提供感知的基础。

2. 从思想方法看，上一节直线与平面平行判定的研究，学生已经初步体验了平面化方法，因而本节可放手让学生探究面面平行的判定方法，从而加深由空间向平面转化、降维的数学思想方法的认识，使学生在探究中初步体会数学的追求简捷和转化的思想。

3. 高一学生的动手操作能力有一定基础，具有较强的空间想象力，但还在一定程度上依靠具体物体模型的支持。在课堂上通过多种教具的运用，学生亲自进行操作等，引发学生视觉、听觉器官参与引起思考，调动学习兴趣，顺利完成教学目标。

续表

教学过程			
流程一：新课导入，铺设学习情景			
教师活动	学生活动	资源/环境	设计意图
1. 演示图形，提出问题： （1）如何判定线面平行？ （2）面面平行是怎样定义的？ （教师给出线面位置的图形，帮助学生回忆上次课学习内容）	观察图形；回忆已经学过的内容，思考并说出教师提出的问题；线面平行判定方法，再说出面面平行定义。	电脑演示所叙述的内容、图形，学生通过回忆书本的线面内容，把思维指向本课学习。	回忆已学知识，给出的图形，激发学生兴趣。
流程二：激发思维，初步探究问题			
教师活动	学生活动	资源/环境	设计意图
1. 演示线与平面平行，提出探究的问题： （1）教师用"粉笔"和"书本"演示直线与平面位置； （2）把"粉笔"换成另一本"书本"，问这两个"书本"表示的两个平面位置有哪几种？ （板书课题）	学生思考回答问题（1）；学生观察、回答问题（2）；观察面面平行的模型，讨论两个平面平行相交的位置关系。	运用粉笔、书本、桌面代表直线和平面——实物用于课堂教学，加强直观性。	从学生熟悉的生活中的实物出发，拉近本课内容与学生认知的距离，容易引起学生自主探究。
2. 观察天花板与地面的位置关系，提出如何判定平行问题：看完教室中的面面平行位置，你有什么判定方法？	学生各自发表意见；学生可多举一些具体判定的方案。	对天花板等实物进行直观感受和体验，抽象转化为具体。	基于实际观察的想象，使学生的探究有了起点。
3. 亲手实验并体验面面平行。学生和我一起做个实验：取出两个纸板，进行位置观察。	从学生动手试验、观察等方面感受面面平行的现象；思考如何定位的方法。	两个"硬纸板"实物演示；学生亲身试验。	通过实物的观察与触摸感知面面位置，激发探索欲望。

续表

4. 教师设疑: 直线与平面有判定定理, 那么平面与平面的平行如何判定? 你有哪些类比猜想?	学生猜想面面平行的可能判定方法, 可能有三种: (1) 实际测量的方法; (2) 转化为应用定义; (3) 转化为线面平行来判定。	大屏幕演示; 实物研究的方案; 并在黑板上画图表示。	激发学生思考, 充分调动学生自主参与性, 使他们成为问题的主要解决者。

<table>
<tr><td colspan="4" align="center">流程三: 展开思维, 定理的初步概括</td></tr>
<tr><td>教师活动</td><td>学生活动</td><td>资源/环境</td><td>设计意图</td></tr>
<tr><td>1. 提出的各个判定方案, 哪个最好用? 哪个无法实际操作? 想一想、试一试?</td><td>根据老师的问题引导, 积极思考, 寻找答案, 讨论, 发表看法。</td><td>大屏幕给出平行的定义, 线面平行的图形。</td><td>让学生自己探索给学生思考的机会。</td></tr>
<tr><td>2. 你认为判定面面平行问题的关键是什么? 困难是什么? 最少需要几条直线就可以判定平行关系?</td><td>小组进行讨论, 然后派代表发言。</td><td>讨论、画图、演示正方体教具模型。</td><td>小组讨论, 寻求最优解; 体会追求简捷的数学思想和方法。</td></tr>
<tr><td>3. 引导探究的三个环节: (1) 如果一个平面内一条直线与另一个平面平行, 那么这两个平面平行吗? 教师用几何画板给出正方体图形, 并引导学生观察上下底面间的关系; (2) 一个平面内有两条平行直线与另一平面平行, 这两个平面一定平行吗? (3) 一个平面内有两条相交直线与另一平面平行, 这两个平面一定平行吗? (总结探究成果; 教师演示实物教具、播放课件1)</td><td>(1) 学生观察、思考、说明自己想法。根据师生共同研究的结果, 学生动笔写出推导过程并寻求反例; (2) 学生观察教师的教具演示, 思考; (3) 学生用书本为抽象平面的模型, 观察、演示、动手实践、思考、回答问题。 (学生采用教师指导的方法, 完成操作, 并判断分析)</td><td>观察正方体模型; 几何画板课件运用播放课件1, 呈现问题的反例; 学生在作业纸上推演画图。</td><td>1. 设计由浅入深循序渐进的三个问题引导学生探索问题; 2. 培养学生有序观察、发现规律的方法; 3. 由实物操作到抽象思考, 增强分析问题技能, 体现立体几何学习特点。</td></tr>
</table>

续表

流程四：优化思维，判定定理的进一步研究			
教师活动	学生活动	资源/环境	设计意图
1. 展示判定定理的现实意义。 (1) 教师引导学生观察教具——两个硬纸板之间各种位置； (2) 引导学生在两个纸板的位置变化中有序观察，并感知判定方法。 2. 揭示判定定理的几何意义。 3. 教师在大屏幕上演示定理，感觉平面与平面平行的例子。 4. 应用判定定理注意问题。 (1) 教师引导：有两条直线平行另一个平面是必要性； (2) 这两条直线必须相交是又一个必要条件。 大屏幕展示：判定定理的含义、几何形状、几何符号表示。	(1) 观察、回答问题； (2) 学生指出平面与平面平行判定定理；选取一个学生台上操作； (3) 学生探究定理的几何意义，小组合作并探究：由学生指出判定定理的意义、应用方法； (4) 学生举例：平面与平面平行的例子。学生观看大屏幕（足球场中的有关平行关系的物体，观看教室内有关面面平行的物体，感受校园生活中面面平行的实例（学生举例）。	观看两个硬纸板之间的各种位置；阅读教材；看大屏幕的画面；演示图形；几何画板动态展示几何关系；从图形、符号、注意问题等多角度分析图形；大屏幕演示足球场中的足球门上的有关平行关系的物体。观看教室内有关面面平行的物体。	分步探究便于学习探究新知识；直观感受增强直觉思维；学生观察和动手，感知本节要探索的问题；学习的同时体验几何学习和研究的方法，增强合情推理的能力；用学生所举的他们熟悉的例子再次感觉平面与平面平行的意义。增强逻辑分析的条理性；在定理的应用中掌握定理的本质。
流程五：定理的实际运用			
教师活动	学生活动	资源/环境	设计意图
指导学生实验： 用水平尺测量指定平面是否水平，并说明应用原理。 请一名同学上讲台前，动手实际操作，测量包装箱上底面是否与水平面平行？	小组合作：运用水平尺，依据平面与平面平行的判定定理，共同完成测量实验。 测量纸箱上底面是否水平？研究木工用的水平尺的用法和几何依据。	动手实验：水平尺测量。木工用水平尺的用法、改造或创新地使用，联系本节定理理解水平尺的几何依据。	1. 认识实际工具的几何原理； 2. 增强学生在实际生活中的动手操作能力。经实际测量、讨论，培养学生交流，相互合作解决问题的能力。

续表

流程六：课堂例题与练习，巩固定理			
教师活动	学生活动	资源/环境	设计意图
1. 教师给出例题：已知正方体 $ABCD-A_1B_1C_1D_1$. 求证：面 AB_1D_1 // 面 C_1BD.	学生讨论、探究；师生合作完成例题的证明。	大屏幕给出题目；学生阅读课本相关内容。	强化定理应用的关键条件；进一步理解定理的含义。引领学生如何找两条相交直线；证明过程的书写要求和规范。
2. 教师指导双基训练：下面的说法正确吗？（1）（2）（3）三个问题 3. 变式训练：教师用大屏幕给出问题内容。	思考、回答问题；自查自己对定理的理解；讨论、回答；体会应用定理判断平面与平面平行的方法。	几何画板画图；在练习本上完成问题（1）（2）（3）；学生做题，教师选典型学生作品展示。	对定理内涵进一步理解；定理运用中易混易错问题的辨别。本节新定理与已有知识的融合，便于构建牢固的基础知识，形成基本技能，从而扎实"双基"。
流程七：课堂小结，布置作业			
教师活动	学生活动	资源/环境	设计意图
1. 知识总结：（定理内涵）；2. 方法总结：转化为线面平行；3. 解题方法指导：分析法，逐步探寻条件。（教师帮助学生总结归纳）	学生总结：学生谈本节课的学习体会。	学生观看黑板和大屏幕的内容；学生叙述。	知识总结，促使学生新知识的内化，促进能力整合。
作业：1. 课本：58 页 1、3 题；62 页习题第 7 题；2. 预习 2.2.3 节"直线与平面平行的性质"。	回忆本节内容，记录、整理。	大屏幕给出作业课本 42 页探究题。	作业 1 巩固定理证明的方法；作业 2 可把学生思维引向知识延伸的探究。

课堂教学流程图如图 2-9：

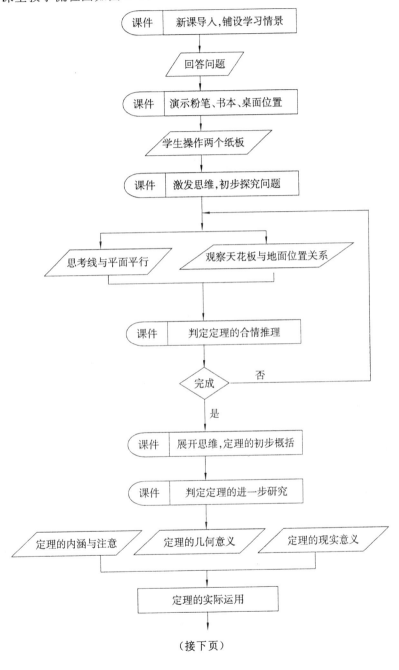

（接下页）

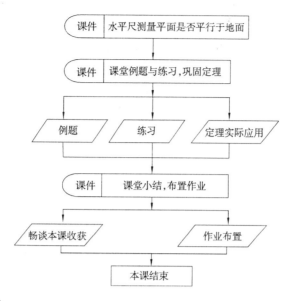

图形示例：

图 2-9

教学资源（说明在教学中资源应用的思路、制作或搜集方法）：

1. 用几何画板展示平面之间的位置关系，使学生的思考有序化，能提高想象力并吸引学生注意力；

2. 用实际物体模型展开教学，让学生有兴趣的参与到探究学习中，感觉到数学的实际用途；

3. 用 word 文本给出题目，节省时间，增加视觉思维活动；

4. 木工师傅用的水平尺的测量原理，纸箱、纸板等的使用，突出立体几何学科特点。

表 2-4 具体教学资源

资源编号	资源名称	来源	资源的内容	主要用途和目的	资源与问题紧密相关程度
1	书籍（文本文件）网页（电子文件）	购买下载	关于立体几何的历史发展。	教师积累文献资料、增长知识、为教学奠定基础。	非常紧密

2	水平尺（木工用具）	购买	实际操作，体会数学与应用的关系。	激发学生兴趣，感受数学与实践的关系。	紧密
3	正方体（实物教具）	学校教具	演示线面关系。	使学生观察和思考。	比较紧密
4	硬纸板 2 个（自制教具）	自制	实际演示和操作。	观察、思考、感知。	紧密
5	问题答案（微机软盘）	网络搜集教师自制	所提出的 5 个问题的文本答案。	利于学生的形象思维与解题评价。	非常紧密
6	木工资料（文本书籍）	网络搜集购买	数学原理与实际应用的知识。	帮助学生了解木工工具具有几何原理。	比较紧密
7	学生学案（印制纸制品）	教师拟定	针对本课的问题设计成一个学习提纲和练习用纸。	供学生课堂及课下研究学习。	非常紧密

评价方法及工具（说明在教学过程中将用到哪些评价工具，如何评价以及目的是什么）：

1. 对学生回答的结果进行评论。调动学生兴趣并参与学习活动。

2. 学生的小组合作及课堂表现，学生互相评价，调动和激发学习内趋力。

3. 对学生解题书写出来的内容，进行评价，便于了解学生对本节课掌握程度。

4. 动手测量中，评价操作能力，从而反馈学生对定理理解情况和实际工具的数学原理分析情况。

表 2-5　学习活动评价表

评价项目	评价内容及评价分值			
	A（20—25）	B（15—19）	C（10—14）	D（1—9）
知识技能	对于平面与平面平行的判定定理的内容能准确叙述，并能正确解题和解释现实生活与该定理有关的现象。	能对平面与平面平行的判定定理的内容完整叙述，并能正确解题。	对平面与平面平行的判定定理的内容基本叙述，在解题时需要别人帮助。	无法说出平面与平面平行的判定定理的内容，基本不能正确解题和解释现实生活与该定理有关现象。
	A（8—10）	B（5—7）	C（3—4）	D（1—2）
情感态度	回答问题积极准确，有较强的兴趣参与学习活动，认真参与小组讨论，并能提出具有创意的猜想和论证。	积极回答问题，能参与学习活动，认真参与小组讨论，能够说出自己的看法。	参与小组的讨论活动，能解出老师提出的练习题。	不能参与小组的讨论，也不举手发言，基本不参加观察和实验操作。
	A（12—15）	B（10—11）	C（7—9）	D（1—6）
信息来源	能充分收集并利用各类信息资源（网络信息、教材、教辅材料、微机投影、实物教具等）。	能较好利用教材、教具等数学教辅资源。	能利用教材或教具资源学习。	不能利用各种信息资源。
	A（12—15）	B（10—11）	C（7—9）	D（1—6）
信息加工	能利用信息资源进行分析，包括分析定理内涵，探究定理应用方法和解题关键。	能对信息进行较好加工，包括理解定理和应用定理等。	能对信息资源进行简单加工。	不能完成对信息资源的加工。

续表

	A（25—35）	B（15—24）	C（7—14）	D（1—6）
课堂练习要求	认真完成课堂的练习题，能正确解答，书面表达准确无误；能说明解题的逻辑推理依据。	能完成课堂的练习题，解答基本正确，书面表达清晰完整。	能完成课堂的练习题，解答中有错误；能理解解题的逻辑关系。	不能完成课堂的练习题。
动手操作要求	积极参加实验观察和测量，操作规范，并能用定理解释实际工具的数学原理。	能正确准确测量，操作规范。	参加实验观察和测量，操作有一定盲目性。	不会观察和测量操作。
总评分数参考表				
等级	A	B	C	D
分数参考	85—100	55—84	35—54	5—34

（二）教学资源列表

表 2-6　《平面与平面平行的判定》教学资源

教学资源名称	来源渠道	应用情况
书籍	购买	支持讲授学习、研讨与自学。
网页知识	下载	
水平尺实物	购买	供学生体验真实立体空间和定理实际应用。
正方体教具	学校教具室	直观展示空间点线面位置关系。
纸质硬纸板	自制	配合定理教学，演示平面与平面的位置。
学案	自制	阅读，学习与研讨。
课件	自制	导课，展示动画，展示问题等。

（三）《平面与平面平行的判定》实践报告

【设计思路】

本课属于立体几何定理教学的内容。新课程标准对这个定理有新要求，就是不用逻辑严谨的演绎推理，而是建立在"直观感知，操作确认"层面的教学，教师如何讲授、学生如何探究，没有成熟的经验可供借鉴，因此。这节课是具有挑战性和创新性的一节课。

本课课程与课件都是自己原创的，笔者运用几何教具模型、微机投影、动画演示、动手操作、实物测量，列举与学生生活贴近的事物，并创设大量激发思维的学习情景，借助信息技术实现本节课的新突破与新设计。笔者设计了七大教学板块，如图 2-10：

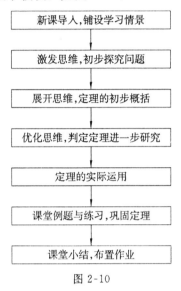

图 2-10

【实践过程】

导入板块，以复习上节课内容开始，让学生回忆已有知识，能联系上节课内容，同时指明思维的目标，学生思维能迅速集中到本节课课题上来，为类比推理和新知识构建搭建生长点，从而进入本次课的学习境界。

推进新课板块分三个过程：激发思维，初步探究问题；展开思维，定理的初步概括；优化思维，判定定理的进一步研究。探究判定定理过程中，教学用具包括三角板与桌面、书本与桌面、正方体模型等。探究 1：如果平面内一条直线与另一个平面平行，两个平面一定平行吗？探究 2：如果一个平面内两条平行直线与另一个平面平行，两个平面平行吗？探究 3：如果一个平面内两条相交直线与另一平面平行，两个平面平行吗？得出定理：一个平面内的两条相交直线都平行于另一个平面，则这两个平面平行。通过定理感觉身边平面与平面平行的例子。

应用定理板块设计了学生活动，即演示实验：用水平尺测量指定平面是否水平，并说明应用原理。活动设置的意图：（1）认识实际工具的几何原理；（2）增强学生在实际生活中的动手操作能力。

在例题讲解和练习反馈板块，应用"已知正方体 $ABCD-A_1B_1C_1D_1$，求证：面 $AB_1D_1//$面 C_1BD"。证题思路：要证明两平面平行，关键是在其中一个平面内找出两条相交直线分别平行于另一个平面。例题设置意图：（1）本节定理运用的示范；（2）引领学生如何找两条相交直线；（3）证明过程的书写要求和规范。证题要点与关键：找出两条相交直线分别平行于另一个平面。

在课堂练习环节，笔者设计问题：

下面的说法正确吗？

（1）如果一个平面内两条直线平行于另一个平面，那么这两个平面平行；

（2）如果一个平面内无数条直线平行另一个平面，那么这两个平面平行；

（3）如果一个平面内任一条直线平行另一个平面，那么这两个平面平行。

笔者的课堂练习的设置意图：（1）对定理内涵的进一步理解；（2）定理运用中易混易错问题的辨别；（3）本节新定理与已有知识的融合，便于构建牢固的基础知识，形成基本技能，从而扎实"双基"。

总结与作业板块：学生总结自己的学习感受，根据时间可以弹性设计评价环节，可以先让学生阅读教材，讨论后谈学习体会，本环节是学生学习探究的整理总结阶段。包括：知识总结，利用面面平行的判定定理证明线面、面面平行；方法总结，转化思想。欲证面面平行转化为证线面平行，进一步转化为线线平行来处理；解题方法指导，分析法从结论出发，逐步探寻条件。作业是课本第 58 页练习题第二题，并让学生预习 2.2.3 节"直线与平面平行"的性质。

（四）课后作业

【实践反思】

学生从一开始学习立体几何到本节课，有了一定的立体图形直观感觉能力，但空间想象力、空间几何元素推理能力、集合符号的运用能力等均薄弱，因而本节学习可依据我们所学的现代先进的教育技术，运用实物模型、几何教具、长方体正方体图形、多媒体电脑屏幕，以及几何画板动画演示等设计本节教学，为培养学生空间想象力和空间图形的推理能力提供感知的基础和教学资源整合，体现运用教育技术的理念。

从教师的本节教学思想方法看，上一节直线与平面平行判定的研究，学生已经初步体验了平面化方法，因而本节课教师可放手让学生探究面面平行的判定方法，从而加深由空间向平面转化、降维的数学思想方法的认识，使学生初步体会探究的学习方法。

如果按照以往的教学"一支粉笔讲到底"，过于单调乏味，学生很容易丧失对新知识探求的积极性；如果没有像本节课那样的多角度大量的教具整合配合教学，课堂效果就不好。学生的学习任务很难达到课程标准要求。基于以上的考虑，本节课采用实际物体观察、动手操作模型、小组合作实地测量、几何画板动画演示等教学用具，提高学生的兴趣，让学生自己去实践，课堂效果非常好。

在教学的进行中，教师引导学生从实际到数学，有用于实际问题解决，体现数学探究的原本过程，符合科学发现规律。本节课有自然语言、数学语言、数学符号语言、教师及学生的形体语言，交流广泛有效，调动思考，增加了学生的思维活动机会。

让学生在阅读、动手解题、回答问题，解决在实际生活中，如测量平面的水平程度等活动，这样就能达到学以致用。让学生感到数学所学的知识不是空动的，数学是有用的，数学原理在实际中有广泛应用，这样就能极大地调动学生的自主探究的能动性。

本节课在最后让学生谈体会，总结学习，教师布置作业，把学习引向课外，给学生发现发展的空间。

本节课教学注重调动学生观察思考，为此设计了步骤较小的多个探究题目，且环环相扣，给学生学习铺设好阶梯，又采用自主探究、合作学习的方式，课堂气氛和谐。使每个学生都参与到了探究知识的过程中，很好完成了预期的课程目标。

反思本节课教学，因为本课是新课程标准要求变化很大的一节课，在实践中还有很多不足之处。比如在具体观察的环节，应多给学生一些时间，及时听取学生的议论和反馈，便于教师的及时指导；在例题的讲解中，教师可再多些放手让学生参与完成解答等，还有待于在今后教学中运用教育技术理论做更多的探索。

表 2-7　《平面与平面平行的判定》学案

班级_____　　姓名_____　　学号_____

1. 探究的基础：(1) 直线与平面的判定定理；
　　　　　　　　(2) 平面与平面平行的定义。

2. 探究目标：平面与平面平行的判定方法。

3. 探究步骤：

【探究 1】平面内一条直线与另一个平面平行，这两个平面一定平行吗？

【探究 2】一个平面内有两条平行直线与另一平面平行，这两个平面一定平行吗？

【探究 3】一个平面内有两条相交直线与另一平面平行，这两个平面一定平行吗？

4. 判定定理内容：

一个平面内的两条相交直线与另一个平面平行，则这两个平面平行。

5. 应用定理注意问题：

(1) 有两条直线平行另一个平面；

(2) 这两条直线必须相交。

6. 学生操作实验：

用水平尺测量指定平面是否水平，并说明应用原理。

数学原理：

7. 应用示例：

已知正方体 $ABCD-A_1B_1C_1D_1$，求证：平面 AB_1D_1//平面 C_1BD。

证题思路：要证明两平面平行，关键是在其中一个平面内找出两条相交直线分别平行于另一个平面。

变式训练：

学习小结：

方法总结：

表 2-8　《平面与平面平行的判定》课堂评价卡

班级_____　　姓名_____　　学号_____

---

1. 下面的说法正确吗？说明判断的理由。

(1) 如果一个平面内有两条直线分别平行于另一个平面，那么这两个平面平行。（　　）

(2) 如果一个平面内有无数条直线分别平行于另一个平面，那么这两个平面平行。（　　）

(3) 如果一个平面内任意一条直线平行于另一个平面，那么这两个平面平行。（　　）

2. 回答下面问题。

(1) 你能举出生活中应用两平面平行判定定理的例子吗？

(2) 本节课学习你的主要收获是什么？

二、《相互独立事件同时发生的概率》教学设计

（一）设计理念与分析

教学设计的理念是以发展学生核心素养为本，让学生全面发展，有个性的发展，可持续发展。在课堂教学中，努力实现知识与技能目标的同时，关注过程与方法、情感态度与价值观，并促进这三个目标的有机整合，特别是要培养学生的创新精神和实践能力，以及发展个性品格，感受随机事件的本质属性。

（二）地位与作用分析

1. 概率和我们生产生活实际有着紧密的联系，生产生活中的很多问题都可以用概率来估计。

2. 概率是统计的基础，随机变量的分布列都要用到概率的知识。本节课相互独立事件的概率是本章的重点内容，在学习等可能事件概率和互斥事件概率的基础上，进一步学习相互独立事件的概率，为下一章学习二

项分布奠定基础。

3. 从学生角度说，学生已有排列、组合的知识为基础，特别是生活中的一些生活经验，可以帮助学生理解，特别是前面已学习等可能事件的概率和互斥事件的概率，帮助学生分析它们的不同点，对比来学。

（三）教学目标

1. 知识与技能：了解相互独立事件的意义，会用相互独立事件的概率乘法公式计算一些事件的概率。

2. 过程与方法：通过对概率知识的学习，了解偶然性寓于必然性之中的辩证唯物主义思想。

3. 情感态度与价值观：发展学生的思维能力，培养学生分析问题和解决问题的能力。

（四）教学重点与难点

重点：（1）相互独立事件的理解。

（2）用相互独立事件概率乘法公式计算一些事件的概率。

难点：互斥事件和相互独立事件的区别。

（五）教学手段

在课堂教学中，采用多媒体教学，分组讨论，适当铺垫练习来突出重点，突破难点，在实现双基教学的同时，努力使双基内化成能力，学生的情意真正得到发展。

（六）教学过程

1. 创设情境，引入新课

板书课题：有两门高射炮，已知每一门击中侵犯我领空的敌军侦察机的概率均为 0.7，假设这两门高射炮射击时相互之间没有影响。如果这两门高射炮同时各发射一发炮弹，则它们都击中敌军侦察机的概率是多少？

2. 探索研究

显然，根据课题，本节课主要研究两个问题：一是相互独立事件的概念；二是相互独立事件同时发生的概率。

（1）相互独立事件

例题 2—13 中国福利彩票是由 01、02、03…30、31，这 31 个数字组成的，买彩票时可以在这 31 个数字中任意选择其中的 7 个，如果与计算机随机摇出的 7 个数字都一样（不考虑顺序），则获一等奖。若有甲、乙两名同学前去抽奖，则他们均获一等奖的概率是多少？

①如果在甲中一等奖后乙去买彩票，则也中一等奖的概率为多少？（$P=\dfrac{1}{C_{31}^1}$）

②如果在甲没有中一等奖后乙去买彩票，则乙中一等奖的概率为多少？（$P=\dfrac{1}{C_{31}^1}$）

例题 2—14　一个袋子中有 5 个白球和 3 个黑球，从袋中分两次取出 2 个球。设第 1 次取出的球是白球叫作事件 A，第 2 次取出的球是白球叫作事件 B。

①若第 1 次取出的球不放回去，求事件 B 发生的概率；

如果事件 A 发生，则 $P（B）=\dfrac{4}{7}$；如果事件 A 不发生，则 $P（B）=\dfrac{5}{7}$。

②若第 1 次取出的球仍放回去，求事件 B 发生的概率。

如果事件 A 发生，则 $P（B）=\dfrac{5}{8}$；如果事件 B 不发生，则 $P（B）=\dfrac{5}{8}$。

相互独立事件：如果事件 A（或 B）是否发生对事件 B（或 A）发生的概率没有影响，这样的两个事件叫作相互独立事件。

【思考】在问题②中，若设第 1 次取出的球是黑球叫事件 C，第 2 次取出的球是黑球叫事件 D，则事件 A 与 C、A 与 D、C 与 D 等是否为相互独立事件，为什么？这个结论说明什么？

如果事件 A、B 是相互独立事件，那么，A 与 $\overline{B}$、$\overline{A}$ 与 B、$\overline{A}$ 与 $\overline{B}$ 都是相互独立事件。

（2）相互独立事件同时发生的概率

例题 2—15　甲坛子中有 3 个白球、2 个黑球；乙坛子中有 1 个白球、3 个黑球；从这两个坛子中分别摸出 1 个球，假设每一个球被摸出的可能性都相等。问：

①它们都是白球的概率是多少？

②它们都是黑球的概率是多少？

③甲坛子中摸出白球，乙坛子中摸出黑球的概率是多少？

【分析1】温故知新：因为每一个球被摸出的可能性都相等，所以"从甲、乙两个坛子中分别摸出1个球，它们都是白球"这个事件是一个等可能事件。那么，什么是"等可能事件"，它的概率如何计算呢？

【分析2】解决问题：

①显然，一次试验中可能出现的结果有 $n = C_5^1 C_4^1 = 20$ 个，而这个事件包含的结果有 $m = C_3^1 C_1^1 = 3$，根据等可能事件的概率计算公式得：$P_1 = \dfrac{m}{n} = \dfrac{3}{20}$。

②同①可得：$P_2 = \dfrac{C_2^1 C_3^1}{C_5^1 C_4^1} = \dfrac{6}{20} = \dfrac{3}{10}$。

③同理：$P_3 = \dfrac{C_3^1 C_3^1}{C_5^1 C_4^1} = \dfrac{9}{20}$。

【分析3】深入研究：设"从甲坛子中摸出1个球是白球"叫事件 A，"从乙坛子中摸出1个球是白球"叫事件 B；由等可能事件的概率计算公式可得：

$$P(A) = \dfrac{C_3^1}{C_5^1} = \dfrac{3}{5}, \ P(B) = \dfrac{C_1^1}{C_4^1} = \dfrac{1}{4}。$$

显然"从甲坛子中摸出1个球是黑球"是事件 A 的对立事件 $\bar{A}$，"从乙坛子中摸出1个球是黑球"是事件 B 的对立事件 $\bar{B}$。同样可得：

$$P(\bar{A}) = \dfrac{C_2^1}{C_3^1} = \dfrac{2}{5}, \ P(\bar{B}) = \dfrac{C_3^1}{C_4^1} = \dfrac{3}{4}。$$

【思考】①P_1、P_2、P_3 之间有何关系？这个关系说明什么问题？

②P_1 与 $P(A)$、$P(B)$ 有何关系？P_2、P_3 与又 $P(A)$、$P(B)$ 或 $P(\bar{A})$、$P(\bar{B})$ 有何关系呢？

③根据以上问题，你能否归纳出一般的结论？

（3）归纳结论

两个相互独立事件同时发生的概率，等于每个事件发生的概率的积。我们把两个事件 A、B 同时发生记作 $A \cdot B$，则有

$$P(A \cdot B) = P(A) \cdot P(B)。$$

推广：如果事件 A_1，A_2，…A_n 相互独立，那么这 n 个事件同时发生的概率，等于每个事件发生的概率的积。即：

$P(A_1 \cdot A_2 \cdot \cdots \cdot A_n) = P(A_1) \cdot P(A_2) \cdot \cdots \cdot P(A_n)$。

3. 深刻理解

互斥事件与相互独立事件有何区别？

两事件互斥是指两个事件不可能同时发生；两事件相互独立是指一个事件的发生与否对另一事件发生的概率没有影响。

例题 2—16 下列各对事件中，哪些是互斥事件，哪些是相互独立事件？为什么？

① "掷一枚硬币，得到正面向上" 与 "掷一枚骰子，向上的面是 2 点"；

② "在一次考试中，张三的成绩及格" 与 "在这次考试中李四的成绩不及格"；

③ 在一个口袋内装有 3 个白球和 2 个黑球，则 "从中任意取出 1 个球，得到白球" 与 "从中任意取出 1 个球，得到黑球"；

④ 在一个口袋内装有 3 个白球和 2 个黑球，则 "从中任意取出 1 个球，得到白球" 与 "在剩下的 4 个球中，任意取出 1 个球，得到黑球"。

例题 2—17 已知 A、B 是两个相互独立事件，$P(A)$、$P(B)$ 分别表示它们发生的概率，则：$1 - P(A) \cdot P(B)$ 是下列那个事件的概率。

A. 事件 A、B 同时发生

B. 事件 A、B 至少有一个发生

C. 事件 A、B 至多有一个发生

D. 事件 A、B 都不发生

4. 例题

例题 2—18 甲、乙二人各进行一次射击，如果 2 人击中目标的概率都是 0.6，且相互之间没有影响，计算：

（1）2 人都击中目标的概率；

（2）2 人都没有击中目标的概率。

【解法】① $P = 0.6 \times 0.6 = 0.36$；② $P = (1 - 0.6) \times (1 - 0.6) = 0.16$。

5. 练习

例题 2—19 在某段时间内，甲地下雨的概率是 0.2，乙地下雨的概率是 0.3，假定在这段时间内两地是否下雨相互之间没有影响，计算在这段

时间内，两地都不下雨的概率。(0.56)

6．回到本节课开始的问题

$P=0.7\times0.7=0.49$。

7．小结与作业

(1) 小结：相互独立事件，相互独立事件同时发生的概率乘法公式。

(2) 作业：

①课本上的习题10.7：1，2，3；

②思考：相互独立事件与互斥事件的比较。

三、《2.1.1 平面》的教学设计

(一) 教学内容分析

1．内容

《2.1.1 平面》是人教 A 版必修二的第二章第一节内容，包括平面的描述性概念及三个公理。课时：1 课时。

2．内容分析

(1) 平面是最基本的几何概念，教材以课桌面、黑板面、海平面等为例对它加以描述。教材重点介绍了平面的基本性质，即三个公理，这是本节的重点，是研究立体图形的理论基础，也是进一步推理的出发点和依据。其中"公理一"可以用来判断直线或者点是否在平面内；"公理二"用来确定一个平面，判断两平面重合，或者证明点线共面；"公理三"用来判断两个平面相交，证明点共线，或者线共点的问题。另外，本节课还应充分展现三种数学语言的转换，特别注意图形语言与符号语言的转换。

(2) 学生在前一章的学习过程中，经历了对立体图形的整体把握，本章将在前一章整体观察、认识空间几何体的基础上，以学生熟知的长方体为载体，使学生在直观感知的基础上，引出本节课的主要内容，拓展学生已有的平面几何观念，帮助学生把观念逐步从平面转向空间；通过大量图形的观察、实验和推理，使学生进一步了解立体几何中点、直线、平面之间的位置关系，学会准确地使用数学语言表述几何对象的位置关系，初步体验公理化思想，培养逻辑思维能力，并用来解决一些简单的推理论证及应用问题。

（3）本课内容在立体几何中起着承上启下的作用，具有重要的意义与地位。本课以第一章所学的空间几何体的知识作为出发点，结合有关实物模型，通过直观感知，操作确认，理解公理。本课的学习对培养学生的空间感知与逻辑推理能力起到重要作用，更是后续学习立体几何的重要前提。

（二）教学目标设置

1. 知识与技能

（1）利用生活中的实物抽象出平面并对其进行描述；

（2）掌握平面的表示法及水平放置的直观图；

（3）掌握三个公理及作用；

（4）培养学生的空间想象能力。

2. 过程与方法

（1）通过师生的共同讨论，使学生对平面有感性认识；

（2）通过观察实验，直观感知、操作确认、理解与掌握三个公理。

3. 情感态度与价值观

（1）使学生认识到我们所处的世界是一个三维空间；

（2）使学生感悟数学源于生活，增强学习兴趣。

4. 教学重点与难点

重点：平面的概念及表示；三个公理，包括每个公理的条件、结论、作用、图形语言及符号语言等内容。

难点：三个公理的掌握与运用。

重点与难点的突破方法设计：第一，类比直线的学习，列举生活中的实例突破平面概念的教学；第二，通过阅读，建立与前面学习过的旧知识突破平面的表示的教学；第三，通过学生动手操作实验、教师实物演示的方法来突破三个公理的教学。

5. 教学用具准备

多媒体、三角板、笔直的织针、纸板、按摩器、首饰盒、相架、镜子、带支架的手机等生活用品。

（三）学生的学情分析

1. 学生的知识储备：学生通过第一章的学习，对几何体有了整体把握，尤其是直观图的知识为学习平面的知识提供了保障。

2. 学生的观察概括及抽象能力：由于平面几何知识的淡忘，由平面到空间的转化有一定困难，构成本节的一个难点，因而本节课在新课的学习中需要搭建新旧知识的联系，着重运用观察画图等手段强化操作确认来完成本课能力培养目标。

3. 学生的个体心理特征：本班学生大多数活泼好动，对事物的好奇心较强，但意志力薄弱，被动地接受不适合活泼好动的学生，需要更好地调动学生的学习兴趣。

（四）教学策略分析

1. 从本课的学与教的现实出发，因为平面的概念比较抽象，尤其对公理的理解与掌握，都需要大量的实例，所以本科教学材料主要选择了教材中本节的图形、教学参考书中的一些建议和说明中的实例，如学生身边的实物，如学习用品（三角板、钢笔、直尺等），以及笔直的织针，纸板、按摩器、首饰盒、相架、镜子、带支架的手机等生活用品。

2. 根据本节课教学内容和本班学生的特点，主要采用启发式教学、读书指导法、实验法、演示法、练习法、讲授法等教学方法。

（1）本节课平面的概念对学生而言较为抽象，教学时采用了启发式教学，教学中适当地联系平面几何知识，采用联想、类比等方法学习平面；

（2）本节课在学习用图形与符号表示平面环节，由于教材有较为细致的说明，所以采用了读书指导法，通过阅读让学生自主地解决问题，对于学生难以理解之处加以指导与说明；

（3）本节课的公理较多，学生对于公理的学习比较陌生，只有亲身体验才能更好地理解与掌握公理，所以在公理的教学中主要采用了以下三种方法。

实验法。通过创设符合公理的实验，使得学生相互协作，操作确认，帮助学生把一定的直接知识同现实生活联系起来，以获得比较完全的知识，培养他们的独立探索能力、实验操作能力和科学研究兴趣，使其更好地理解与掌握公理。

演示法。在教学时，把实物或直观教具展示给学生看，或者作示范性的实验，使学生通过实际观察获得感性知识，以说明和印证教师所传授的知识，加深对学习对象的印象，把书本上理论知识和实际事物联系起来，形成正确而深刻的概念，发展学生的观察力、空间想象力和思维能力。

练习法。对于三个公理的作用的教学，采用练习法，通过三个跟踪训练对其加以突破，使学生不仅可以巩固知识，而且能够引导学生把知识应用于实际，发展学生的能力。

另外，对于教师必须说明及学生理解有困难的知识，采用讲授法加以突破。

3. 依据本节课的教学难点，笔者设计了一系列的问题串，由浅入深，由表及里地引导学生不断进行思考，从而达成对知识的理解与掌握。

（1）在平面的教学中，用幻灯片给出 4 个"平面"的画面（海平面、桌面、镜子、墙面），由生活中学生熟悉的事物入手，联系类比以往对直线的学习，体会数学抽象并用语言描述平面的三个特征，不断引导学生进行思维活动。

（2）在平面图形表示的教学中，用幻灯片提出问题。

"常常"两个字怎样理解？引导学生回忆前面直观图知识，平面也可用其他图形表示。

平面的无限延展性是否得到体现？引导学生类比直线的表示方法，说明用有限表示无限，局部代表整体是科学研究的方法。

如何增强图形的立体感？以下哪个图形立体感较强，为什么？可以进一步引导学生思考容易忽略的问题，培养学生严谨的思维习惯。

（3）在公理的教学中都是先设置了一个思考的问题，引导学生从特殊到一般，逐步地归纳出正确的结论，使学生的思维螺旋式上升。

（4）在公理应用的教学中，用跟踪训练的方式使得学生进一步进行思维活动，体会知识应用于实际，达到深入思考的目的。

4. 根据学生的个体差异，本节课安排的小组采用互补的方式，如动手能力强的与实践能力一般的同学一组，语言表达优秀的与不善言谈的同学一组。在提问时，也依据不同的问题对应不同的学生，及时地给予学生鼓励与评价，尽量使每一个学生都积极参与到知识的探究上来。

5. 在学生思考与动手操作实验时，教师积极地参与和指导，及时了解学生的学习情况，并给予适当的帮助。

（五）教学流程图

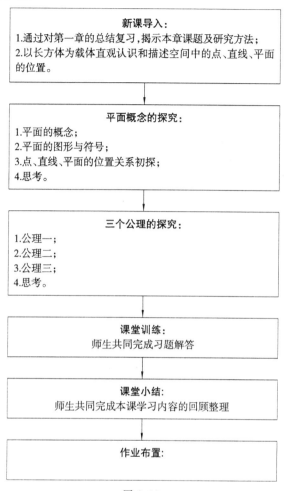

新课导入：
1.通过对第一章的总结复习，揭示本章课题及研究方法；
2.以长方体为载体直观认识和描述空间中的点、直线、平面的位置。

平面概念的探究：
1.平面的概念；
2.平面的图形与符号；
3.点、直线、平面的位置关系初探；
4.思考。

三个公理的探究：
1.公理一；
2.公理二；
3.公理三；
4.思考。

课堂训练：
师生共同完成习题解答

课堂小结：
师生共同完成本课学习内容的回顾整理

作业布置：

图 2-11

（六）教学过程

首先，新课导入。

【教师活动 0-1】

在立体几何学习的第一章，我们从现实生活的物体中抽象出简单但非常重要的空间几何体，从整体观察入手，研究了它们的结构特征，学会了用三视图与直观图从细节上与整体上对其加以刻画，并了解了一些简单几何体的表面积与体积的计算方法，那么我们如何更为深入地认识与把握这些形态各异、千姿百态的空间几何体呢？第二章将从构成几何体的基本元素点、直线、平面入手，从局部到整体地进一步研究空间几何体的相关性质。

请同学们观察并思考长方体中的顶点，棱所在的直线与两个底面和侧面之间有怎样的位置关系？教师引导学生思考作答，对学生的回答给予评价。

【学生活动0—1】

观察长方体，利用已有认知回答教师的提问。

【教师活动0—2】

在长方体中，点、直线、平面的位置关系如此，那么空间中它们的关系如何呢？这就是我们共同要研究的内容。本次课我们来研究平面。

接着，课堂探究。

1. 平面

第一，平面的文字描述。

【教师活动1—1】

(1) 提出问题：生活中哪些物体呈平面形状呢？

(2) 引导学生观察，联系生活举实例，并通过多媒体展示平面形状的物体，如海平面、桌面、墙面等。

(3) 类比直线的学习，在几何学中是怎样描述平面的？

(4) 引导学生类比直线的特征，用语言描述平面的三个特征，即平的、无限延展、无薄厚之分。引导学生体会直线的直刻画了平面的平；直线的无限延展，没有长短成就了平面的无限延展即无边无界；直线的没有粗细之分造就了平面没有薄厚之分。

【学生活动1—1】

(1) 从生活中发现平面形状的物体，体会平面的特点；

(2) 在教师引导下，类比直线的学习用语言描述平面的三个特征。

第二，平面的图形与符号表示。

【教师活动1—2】

观察身边的实物，阅读教材第41页内容，结合直观图的知识与平面的特点，你能用图形与符号两种方式表示平面吗？

【学生活动1—2】

观察实物，阅读教材内容，规范画出图形并回答思考中教师提出的问题。

水平放置的平面通常画成一个平行四边形，锐角画成 45°，且横边画成邻边的 2 倍长（如图 2-12）。

图 2-12

【教师活动 1—3】

（1）"常常"两个字怎样理解？引导学生回忆前面直观图知识，平面也可用其他图形表示；

（2）无限延展性是否得到体现？引导学生类比直线的表示方法，说明用有限表示无限，局部代表整体是科学研究的方法；

（3）如何增强图形的立体感？以下哪个图形立体感较强，为什么？提醒学生注意被遮挡部分用虚线，此处与平面几何有所不同。

【学生活动 1—3】

（1）结合前面知识思考并回答问题；

（2）观察图形，说明怎样才能增强图形的立体感。

【教师活动 1—4】

提出问题，引起学生思考：怎样用符号表示平面呢？

【学生活动 1—4】

思考后作答：平面通常用希腊字母 α、β、γ 等表示，如平面 α、平面 β 等，也可以用表示平面的平行四边形的四个顶点或者相对的两个顶点的大写字母来表示，如平面 AC、平面 $ABCD$ 等。

【教师活动 1—5】

以上使用三种方式对平面加以描述，在立体几何中称它们为三种语言，即文字语言、图形语言和符号语言。在后续的学习中，请同学们体会它们各自的特点，自如使用。

2. 点与直线、点与平面、直线与平面位置关系探究

【教师活动 2—1】

（1）观察图片中的物体，说一说它们的相对位置关系（用幻灯片给出图片）。

思考：你能抽象出哪些数学对象？你能用文字和图形两种方式描述它们之间的相互位置关系吗？若从集合的角度，怎样用符号描述它们的关系呢？

（2）教师引导学生思考作答，并进一步从运动变化的观点启迪学生，即点动成线，线动成面，从而把直线，平面看成是点的集合。

（3）板书三种方式，强调利用图形语言时的注意事项，引导学生正确运用集合中的符号表示点、直线、平面之间的相互关系。

【学生活动2—1】

（1）观察实物，抽象出数学的研究对象，思考后回答问题；

（2）注意多角度理解知识，从几何的角度思考问题。

3．公理探究

第一，"公理一"的探究。

【教师活动3—1】

提问：借助于身边的实物，思考以下问题：（1）如果直线 l 与平面 α 有一个公共点 P，直线 l 是否在平面 α 内？（2）如果直线 l 与平面 α 有两个公共点呢？

【学生活动3—1】

动手实践，利用实物进行操作实验，回答上述问题。

【教师活动3—2】

（1）引导学生展示操作实验的成果并回答上述问题，教师给予评价；

（2）再举实例如：拿出学生生活中常喝的饮料杯与吸管解释第一个问题；创设生活中的情景，如果在墙面上给窗帘挂窗帘杆，打一个钉子是否可以？两个呢？得到学生的回答后，拿起手中的直尺让其边缘上任意两点放到桌面上，观察尺是否落于桌面上，引导学生总结归纳"公理一"。

【学生活动3—2】

通过自己的操作确认及实验大量实例，总结归纳出"公理一"。

公理一　如果一条直线上的两点在一个平面内，那么这条直线在此平面内。

【教师活动3—3】

你能用图形语言表示"公理一"吗？

【学生活动3—3】

教师与学生共同完成，教师在黑板上示范。

【教师活动3—4】

你能用符号语言表示"公理一"吗？

【学生活动 3—4】

学生思考作答，教师在黑板上示范。

$A \in l$，$B \in l$，且 $A \in \alpha$，$B \in \alpha \Leftrightarrow l \subset \alpha$。

【教师活动 3—5】

请同学们完成跟踪训练 1，引导学生明确"公理一"的作用，可以判断一条直线是否在平面内，而且"公理一"给予研究直线与平面的关系以启迪。

【学生活动 3—5】

通过思考，体会"公理一"的作用，并对跟踪训练作答。

跟踪训练 1　如图 2-13，在长方体 $ABCD - A_1B_1C_1D_1$ 中，回答下面问题：

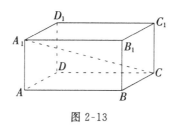

图 2-13

（1）直线 A_1C 在平面 A_1C 内吗？说说你判断的理由；

（2）直线 A_1C 在平面 AC 内吗？说说你判断的理由。

第二，"公理二"的探究。

【教师活动 3—6】

（1）请同学们借助于书桌上的纸板，手里边的笔，露出笔尖，同座同学相互协作，完成以下实验：一支笔能否支撑起纸板？两支笔呢？三支笔呢？

（2）学生动手实践时，教师适时的进行提问："你能抽象出什么数学问题，发现什么结论呢？"

（3）教师找一组学生到讲台前进行演示，并让学生分享他们发现的结论；

（4）学生可能会有如下结论：过空间内一个点有无数个平面，过两点也有无数个，过三点只有一个。此处，教师可根据学生思维的关键点和遗漏之处进行引导和补充，如抽象出什么几何对象，三点共线是否能只有一个平面等情况；

（5）教师对学生活动给予评价并启发学生从生活中举出体现刚才实验结论的事物与例子；

（6）教师展现准备好的图片如三条腿的凳子，自行车，照相机的三角支架及门等，再利用实物门怎样安装锁，如何锁上门进行演示说明，引导学生归纳总结，培养学生观察、归纳能力，使学生感悟数学源于生活，增强学生学习数学的兴趣。

【学生活动3—6】

（1）学生利用纸板和笔与同座之间相互协作，进行动手操作实验，体会一支笔，两支笔，三支笔是否能支撑起纸板；

（2）学生上台展示成果，并回答思考中的问题，从刚刚的实验中抽象出数学对象，在教师的引导下归纳出如下结论：过空间内一个点有无数个平面，过两点也有无数个，过不在同一直线上的三点只有一个平面。

（3）学生从生活中发现上述结论，举各种实物为例；

（4）在实验与大量实例及教师引导下，归纳总结出"公理二"。

公理二　过不在一条直线上的三点，有且只有一个平面。

【教师活动3—7】

（1）书写时注意标注关键词："不在同一条直线上"与"三点"，并说明公理的存在性与唯一性。

（2）提问："你能用图形语言表示公理二吗？"

【学生活动3—7】

用图形语言表示"公理二"。

【教师活动3—8】

提问："你能用符号语言表示公理二吗？"

学生思考作答，对于难以用符号表示的，教师适时引导学生辅助文字语言，然后学生回答，教师在黑板上示范。

A，B，C 三点不共线 $\Rightarrow$ 有且只有一个平面 α，使得 $A \in \alpha$，$B \in \alpha$，$C \in \alpha$。

【教师活动3—9】

（1）教师引导学生思考跟踪训练2，并进行提问，此环节可以培养学生的推理能力，教师可以适当地进行板演与说明，即利用"公理二"得到的真命题连同"公理二"都可以作为确定一个平面的依据。

（2）请同学们利用桌子上的白纸，怎样折叠才能使其平稳地立在桌面上，并能体现我们刚刚得到的三个结论？

跟踪训练2　判断以下命题是否正确：

（1）经过一条直线和这条直线外的一点，有且只有一个平面；

（2）经过两条相交直线，有且只有一个平面；

（3）经过两条平行直线，有且只有一个平面。

【学生活动3—8】

（1）应用"公理二"运用推理，解决跟踪训练2的问题，回答教师的提问；

（2）利用桌子上的白纸进行折叠，操作；

（3）体会三个结论在这个折纸实验中的体现。

【教师活动3—10】

（1）学生动手操作时，教师挑选合适的模型进行展示；

（2）展示在生活中体现这三个结论的事物，如镜子、相框、带支架的手机等，让学生体会数学在生活中处处可见。

第三，"公理三"探究。

【教师活动3—11】

（1）把三角板的一个角立在课桌面上，三角板与桌面有一个公共点，那么同学们请思考：三角板所在的平面与桌面所在的平面是否只相交于一点？为什么？

（2）引导学生借助身边的事物进行思考，此时可观察学生的完成情况，并适时展示学生的成果，引导学生归纳所得到的结论，其中注意引导学生关注平面的延展性。

（3）教师展示准备好的图片如投票箱，再次举例说明学生结论的正确性，把上述经验与类似的事实总结为立体几何的第三个公理。

【学生活动3—9】

（1）思考教师提出的问题，利用身边的实物进行操作实验；

（2）合作交流实验结论，展示成果并归纳总结出"公理三"。

公理三　如果两个不重合的平面有一个公共点，那么它们有且只有一条过该点的公共直线。

【教师活动3—12】

（1）说明这条公共的直线称为这两个平面的交线。

（2）提问学生："你能用图形语言表示公理三吗？"并引导学生一起画出图形。

【学生活动3—10】用图形语言表示"公理三"。

【教师活动3—13】

提问："你能用符号语言表示'公理三吗'？"学生思考后进行板书。

$P \in \alpha$，$P \in \beta \Rightarrow \alpha \cap \beta = l$ 且 $P \in l$。

【学生活动3—11】思考后，使用符号语言表示"公理三"。

【教师活动3—14】

（1）请学生思考跟踪训练3，体会"公理三"可以解决哪些问题。

（2）学生思考后，教师以提问的方式检验学生对"公理三"的掌握情况，并进一步追问："你能画出它们的交线吗？"。

（3）教师引导学生思考后作答，并让学生能够由此体会"公理三"对于平面与平面相交的位置关系的判断以及交线的确定。

（4）对立体几何的三个公理进行简单的总结与说明。

跟踪训练3　在长方体中，回答下面问题：

（1）平面 A_1C_1C 与平面 $ABCD$ 是否相交？

（2）平面 A_1C_1C 与平面 B_1BD_1D 是否相交？

【学生活动3—12】

（1）根据"公理三"思考后进行作答；

（2）思考如何寻找两个平面的交线，体会"公理三"的作用；

（3）在教师指导下，总结"公理三"可以解决的问题。

4．进行课堂训练

例题2—20　用符号表示下列图形中点、直线、平面之间的关系。

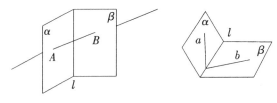

图 2-14

【教师活动4—1】

（1）引导学生观察图形，并找两名学生在黑板上进行书写；

（2）教师进行及时的评价与反馈，并指出不足之处以及注意事项；

（3）指导学生用身边的实物做出第一个模型，并体会不同位置图形的区别，培养学生的空间想象能力。

【学生活动4—1】

（1）观察图形，思考后作答。

（2）根据教师的讲解，纠正错误，掌握应用符号语言的恰当方法；

（3）用纸张，笔做出模型，体会不同位置的图形的区别。

课堂小结。

（1）学习了哪些知识？

（2）学会了哪些认识事物的方法？

（3）用到了哪些数学处理问题的方法？

教师提示，学生总结归纳，深化知识。

作业布置。

（1）完成教材43页习题1—4题；

（2）在长方体 $ABCD-A_1B_1C_1D_1$ 中，E，F 分别是 AB，BC 的中点，做出过 EFD_1 三点的平面与正方体各个面的交线。

（七）《2.1.1 平面》教学反思

《2.1.1 平面》的主要内容是平面的描述性概念及三个公理。在本节课中运用多种教学手段，设计了活泼有效的教学活动，成功地激发了学生的学习兴趣，较好地达成了教学目标。

1. 本节课教学设计合理

教学过程充分考虑学生的实际，整堂课问题设置层层递进，如在用图形表示平面时教师的三个追问，逐步使学生把握住几何表示的要点，符合学生的认知规律；又如，在进行"公理一"的教学时，从一个点到两个点入手，层层递进，逐步达到理解与把握"公理一"的教学目标。

2. 在教学过程中细节处理到位

善于抓住学生的疑难点，突出重点，突破难点。如在用图形表示点在平面内、直线在平面内时处理得非常细腻；在"公理二"的教学中，设计的实验完整地体现了"公理二"，使得学生避免直接从抽象的点与平面的关系入手，突破学生的认知难点，高效地达成了教学目标。

3. 教师在教学过程中能关注学生核心素养的发展

如在本节课进行点、直线、平面位置关系教学时，从教室实物中抽象出数学对象，在"公理二"的探究中引导学生思考实验可抽象出哪些数学对象，得出怎样的数学结论等均能体现出教师在教学时关注提升学生的数学抽象素养；在三个公理的探究中，教师在授课中时时关注提升学生的直观想象。

4. 在本节课教学设计中，学生学习方式发生了很大的改变

学生由被动地接受式学习变为积极主动地参与，参与实践操作活动，亲自体验数学知识，如在学生探究三个公理的过程中，授课教师均在教学时引导学生利用实物做出相应的模型，举贴近生活的实例，充分为学生创设操作和实践的机会，将数学变成学生看得见、摸得着、理解得了的数学事实。

5. 建议与注意

（1）教学时应多给学生思考和动手实践的时间，尤其是在如何画出两个平面交线时，多给学生自主处理问题的时间，一是可以体会利用"公理二"延展一个平面；二是加深学生对"公理三"的理解。

（2）在课堂教学设计中，可以多让学生回顾自己所学知识，多总结本次课学习到的知识与旧有知识的关系，多总结本课学会了哪些数学处理问题的方法等。

四、《椭圆的定义与标准方程》教学设计

（一）教学内容

本课《椭圆的定义与标准方程》，是普通课程标准实验教科书《选修2—1》第二章第二节第一课时的内容。

（二）教学内容分析

1. 知识来源的回顾

几何学的发展历史，从欧几里得的直接演绎，发展到笛卡尔的"坐标法"，是人类智慧的结晶。中学数学教材作为数学文化传承的载体在本着让学生对知识的认识螺旋式上升的原则也正是按照这样的原则设计的：从初中的平面几何，到高中数学的必修2的直线和圆，选修2—1的圆锥曲线，到选修2—2的导数与积分也正是体现了几何研究手段的改变。

2. 坐标法

平面曲线用数形结合即建立直角坐标系后给出坐标，求出曲线方程，再研究曲线性质，运用代数手段是关键。椭圆既是求曲线方程的一次具体实践，又对接下来双曲线和抛物线的学习有着引领的作用。

（三）学情分析

1. 在知识上已经学习了直线和圆，同时初步了解了求曲线方程的基本方法。为本节课学习椭圆打下了良好的基础。

2. 学生对椭圆概念的形成和如何建系导出椭圆的方程存在一定的困难。

（四）重点难点

重点：椭圆定义及其标准方程。

难点：如何合理建系并导出椭圆的标准方程。

（五）教学目标

1. 知识与技能

理解椭圆的第一定义，掌握椭圆的标准方程；能根据条件确定椭圆的标准方程，能根据椭圆的标准方程判断椭圆焦点的位置。

2. 过程与方法

通过学生亲自动手实验、发现椭圆的形成过程，进而归纳出椭圆的定义，进而推导出椭圆标准方程的过程，培养学生观察、辨析、归纳问题的能力。

3. 情感、态度与价值观

通过经历在利用几何画板的数学探究中，培养学生科学探究的意识；通过在探求椭圆的标准方程的过程，培养学生战胜困难的意志品质，并体会数学的简洁美、对称美。

（六）教法与学法

"学习任何知识的最佳途径都是由自己去发现，因为这种发现、理解最深刻，也最容易掌握其中的内在规律、性质和联系。"著名数学家、教育家波利亚如是说。基于此，为了落实本节课的教学目标和重难点，本节课采取了如下教法与学法。

1. 教学方法：开放式探究、启发式引导、互动式讨论、采用几何画板辅助教学。

2. 学习方法：自主探究、合作交流、归纳总结。

（七）教学过程

1. 创设情境

首先考虑到如何引题才能更加自然，贴近生活，还能引起学生的学习热情，创设情境：展示一些生活的椭圆形，小到微观世界，日常生活用品，大到建筑物的外形，天体的运行轨道．从而激发学生的求知欲。

2. 探究实验

【课堂活动一】

这个环节可以说是本节课的重头戏。本节课让学生在微机室进行，教师通过圆的定义引出问题：到两定点距离之和为定值的点的轨迹是什么？同时教师指导学生利用几何画板做数学实验具体内容如下（如下图 2-15）：

（1）在屏幕上选线段 AB；

（2）在线段 AB 上选一点 P 让点 P 从 A 点运动到 B 点；

（3）在屏幕上选线段 F_1F_2（$|F_1F_2| < |AB|$）；

（4）以 F_1、F_2 为圆心 AP、BP 为半径画圆；

（5）记两圆的交点为 M_1、M_2 并追踪点 M_1、M_2 的轨迹。

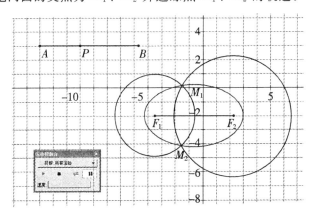

图 2-15

设计意图：通过自主探究培养学生的学习兴趣；同时通过实践，为进一步上升到理论做准备。

【课堂活动二】

教师利用教具（在小黑板上固定两点，两点间连接一定长的绳）演示椭圆的生成过程，进一步加深学生对椭圆定义的理解。

3. 归纳定义

教师趁热打铁向学生继续提出：我们已经从实验中获得椭圆的直观形象，但这还不够，数学是研究空间形式和数量关系的一门科学，如果我们还能用一个数量关系来刻画椭圆上动点的属性就更好了。让学生分组讨论得出椭圆上的点所满足的条件：$|MF_1| + |MF_2| = AB$（常数）。

再由学生用文字语言描述上述式子，归纳椭圆定义。在这个过程中，教师根据学生回答的情况，不断引导他们逐步加深学生对椭圆的定义的理解。

注意：如学生容易忽视 $|MF_1| + |MF_2| > |F_1F_2|$，教师应利用前面的数学实验引导学生得出：常数不同范围下的不同轨迹。

思考题 若 $\triangle ABC$ 的周长为 20，$|AB| = 8$，则点 C 的轨迹是什么图形。

设计意图：巩固椭圆的概念，落实教学目标。

4. 推导方程

例题 2—21 如图 2-16，已知点 F_1，F_2 为椭圆的两个焦点，M 为椭圆上的任意一点，且 $|F_1F_2| = 2c$，$|MF_1| + |MF_2| = 2a$，其中 $a > c > 0$，求椭圆的方程。

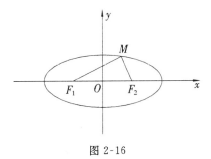

图 2-16

回顾：求曲线方程的一般步骤。

提问：如何建系，使求出的方程最简？

仍按原来的分组讨论，请小组代表汇报研讨结果（这个环节给学生充分的时间，让他们探究、比较、交流，对比几种不同建系法教师利用实物投影仪展示学生成果）。学生通过这些活动能够建立几种常见的坐标系，并在不同建系下，列出关于 x，y 的等式。教师从中择优。

如：首先得到 $\sqrt{(x+c)^2+y^2}+\sqrt{(x-c)^2+y^2}=2a$，①

事实上①式已是椭圆方程，但由于它不符合数学简洁美的特性，因此需要化简。化简式是本节的难点所在，通过课堂精心设问来突破难点，如它们都含有两个根式，如何化简这种方程？是直接平方好？还是移项后再平方好呢？学生通过实践，发现对于这种方程，直接平方不利于化简，而整理后再平方最后能得到：

$$\frac{x^2}{a^2}+\frac{y^2}{a^2-c^2}=1,\qquad ②$$

②式虽比①式简单，但还是没有达到数学美的最高境界，教师讲解变量替换：$a^2-c^2=b^2$（$b>0$）得到椭圆的标准方程 $\frac{x^2}{a^2}+\frac{y^2}{b^2}=1$（$a>b>0$）。

5. 师生共同总结促进知识的再认识

经过分析、比较不难得出坐标原点选在椭圆的中心时得出的方程形式最简单，这样的方程我们把它称为椭圆的标准方程。再让学生观察椭圆图形及其标准方程，师生共同总结归纳两种类型椭圆的异同点。

6. 感悟新知

例题 2—22　求下列椭圆的焦点坐标，以及椭圆上每一点到两焦点距离的和：

①$\frac{x^2}{4}+y^2=1$;　　　　②$\frac{x^2}{4}+\frac{y^2}{5}=1$;　　　　③$4x^2+3y^2=4$。

学生口答完成。

例题 2—23　已知椭圆的两个焦点坐标分别是（-2，0），（2，0），并且经过点 $\left(\frac{5}{2},-\frac{3}{2}\right)$，求椭圆标准方程。

设计意图：从基础入手，让学生掌握好基础知识，即掌握两种类型的椭圆方程的异同和根据标准方程判断焦点位置的方法从而落实本节课的另一目标。

思考题　已知点 P 到点（-2，0），（2，0）的距离之和等于4，则 P 的轨迹是什么？

设计意图：通过本题促进学生对椭圆概念的再认识，让学生注意 $|MF_1|+|MF_2|>|F_1F_2|$。

（八）小结归纳

以学生为主体归纳本节所学内容，数学思想和方法，目的是让学生对本节内容有个整体认识，提高学生的归纳能力和表达能力，教师对学生的总结加以补充。

（九）课后作业

1. 课本第 42 页习题 1、2、3 题。

2. 课后思考题：前面的实验的条件如果在线段 AB 的延长线上选一点 P，则实验结果又会这样呢？

设计意图：通过课本习题来反馈知识掌握效果，巩固所学知识，思考题的设计是为了让学生带着问题走入课堂，同时带着问题走出课堂，也为下面学习双曲线埋下伏笔。

第三章 数学解题的思维细节

第一节 数学思维的广阔性

【题记】--------------------------------

　　数学的学科特色是什么？在教材的前言中已经给出答案，那就是"数学是有用的""数学是自然的""数学是清楚的""学习数学能提高能力""学数学要摸索自己的学习方法"等。在本文中，笔者写出了数学解题"要有思维的广阔性""要在应用中学习数学"等想法，与大家交流。

　　数学核心素养理念对思维能力提出了更高要求，即在数学抽象、数学建模等基础上进行逻辑推理等数学思维活动，其中"数学思维的广阔性"是重要的特征之一。在数学解题过程中，"数学思维的广阔性"是指思维宽广，善于多方探求，对于一个问题，能通过联想、类比，获得多种解法。它不局限于某一点或某一侧面，灵活变通，扩充视野，争取更多的信息，使其在形式、结构、材料、功能等方面扩展，提高思维的层次与高度，从而做出一定的创造成果。广阔性思维具有以下特点。

　　（1）放射性：对同一数学问题，尽可能多地提出各种设想、方案，思维向多方面辐射。

　　（2）灵活性：思维在一方面受阻时，马上转向；一处不通，另寻一处；一面不行，再找一面；即使一处通了，也不妨另觅新径，以求殊途同归。

(3) 创新性：要从多种途径、方案、解法、答案中寻找最优者，使其新颖不俗。同时还要设法改变问题的条件或某些因素，或改变它们之间的地位或联系方式，产生新的思路与成果。

思维的广阔性的反面就是思维的狭隘性。

例题 3—1　函数 $f(x) = \log_{\frac{1}{2}}(x^2 + kx + 2)$ 的值域为 R，则实数 k 的取值范围是（　　）

A. $(-2\sqrt{2}, 2\sqrt{2})$

B. $[-2\sqrt{2}, 2\sqrt{2}]$

C. $(-\infty, -2\sqrt{2}) \cup (2\sqrt{2}, +\infty)$

D. $(-\infty, 2\sqrt{2}] \cup [2\sqrt{2}, +\infty)$

【错解】 要使 $f(x)$ 的值域为 R，只需 $g(x) = x^2 + kx + 2 > 0$ 对一切 $x \in R$ 恒成立，所以有 $\Delta = k^2 - 8 < 0$，即 $-2\sqrt{2} < k < 2\sqrt{2}$，故答案为 A。

【分析】 错解将 $f(x)$ 的定义域为 R 与 $f(x)$ 的值域为 R 混为一谈了。$f(x)$ 的定义域为 R 时，$x^2 + kx + 2 > 0$ 对 $x \in R$ 恒成立。而值域为 R 时，必须有 $g(x) = x^2 + kx + 2$ 取尽所有正实数。显然"恒有"与"取尽所有"是两个根本不同的概念。"取尽所有"指的是：函数 $f(x)$ 的定义域随参数变量 k 的变化而变化，就是寻求 k 的取值范围，使在这个范围内任取一个值，都保证 $g(x)$ 取尽所有正实数。

事实上，特例法也可以判断 A 是错误的，如 $k = 0 \in (-2\sqrt{2}, 2\sqrt{2})$，此时 $g(x) = x^2 + 2 \geq 2$，对应有 $f(x) \leq -1$，显然不满足 $f(x)$ 的值域为 R 这个题设要求。

【解法 1】 函数 $y = \log_{\frac{1}{2}}(x^2 + kx + 2)$ 的值域为 R，即关于 x 的方程 $y = \log_{\frac{1}{2}}(x^2 + kx + 2)$ 对任意实数 y 恒有解。

由于 $x^2 + kx + 2 = (\frac{1}{2})^y$ 恒有解，即方程 $x^2 + kx + 2 - (\frac{1}{2})^y = 0$ 恒有解。

$\Leftrightarrow \Delta = k^2 - 4[2 - (\frac{1}{2})^y] \geq 0$ 对任意实数 y 恒成立。

$\Leftrightarrow k^2 - 8 \geq -4(\frac{1}{2})^y$ 恒成立。

因为 $-4(\frac{1}{2})^y < 0$，所以只需 $k^2 - 8 \geq 0$，解得

$k \geqslant 2\sqrt{2}$ 或 $k \leqslant -2\sqrt{2}$，选 D。

【解法 2】若使 $g(x)$ 取尽所有正实数，只需 $g(x) = x^2 + kx + 2$ 的最小值 $\dfrac{8-k^2}{4} \leqslant 0$ 即可，从而也可以得到 $k \geqslant 2\sqrt{2}$ 或 $k \leqslant -2\sqrt{2}$。

【解法 3】若使函数 $f(x)$ 的值域为 R 只需 $g(x) = x^2 + kx + 2$ 取尽所有正实数，即 $g(x)$ 的图象与 x 轴恒有交点即可。所以有 $\Delta = k^2 - 8 \geqslant 0$，解得 $k \geqslant 2\sqrt{2}$ 或 $k \leqslant -2\sqrt{2}$。

【解法 4】$f(x) = \log_{\frac{1}{2}}\left[(x+\dfrac{k}{2})^2 + 2 - \dfrac{k^2}{4}\right]$。

(1) $2 - \dfrac{k^2}{4} > 0$，即 $-2\sqrt{2} < k < 2\sqrt{2}$ 时，函数 $f(x)$ 的定义域为 R，这时 $f(x)$ 的最大值为 $\log_{\frac{1}{2}}(2 - \dfrac{k^2}{4})$，即 $f(x)$ 的值域是 $[-\infty, \log_{\frac{1}{2}}(2 - \dfrac{k^2}{4})]$，不能满足题意。(2) 当 $2 - \dfrac{k^2}{4} \leqslant 0$，即 $k \geqslant 2\sqrt{2}$ 或 $k \leqslant -2\sqrt{2}$ 时，函数 $f(x)$ 的定义域是 $x > -\dfrac{k}{2} + \dfrac{\sqrt{k^2-8}}{2}$ 或 $x < -\dfrac{k}{2} - \dfrac{\sqrt{k^2-8}}{2}$，

此时 $g(x) > 0$，$f(x)$ 的值域为 R，所以，当 $k \geqslant 2\sqrt{2}$ 或 $k \leqslant -2\sqrt{2}$ 时，$f(x)$ 的值域为 R。

【解法 5】设 $\mu = x^2 + kx + 2$，则有

$$\{\mu \mid \mu = x^2 + kx + 2\} = [\dfrac{8-k^2}{4}, +\infty],$$ 因为 $y = \log_{\frac{1}{2}}(x^2 + kx + 2)$ 的值域为 R，所以 $[\dfrac{8-k^2}{4}, +\infty) \supseteq (0, +\infty)$

所以 $\dfrac{8-k^2}{4} \leqslant 0$，即 $k \geqslant 2\sqrt{2}$ 或 $k \leqslant -2\sqrt{2}$。

【说明】花费那么大的精力去讨论这样一道选择题，目的是：(1) 这道题一部分学生经常出错，对上述五种方法的评析，能让学生辨清概念，加深印象；(2) 思维的广阔性扎根在坚实的"双基"的沃土之中，只有打下了较好的基本功，开阔了眼界，丰富了联想，解题才能举一反三。

例题 3—2 已知 $\triangle ABC$ 中，$\angle C = 90°$，$\angle B = 30°$，$AC = 2$，M 是 AB 的中点，将 $\triangle ACM$ 沿 CM 折起，使 A，B 两点间的距离为 $2\sqrt{2}$，此时，三棱锥 $A\text{-}BCM$ 的体积等于_____。

【说明】不要拘泥于 A 为顶点△BCM 为底面，这样找高线和计算高线都比较麻烦。其实，三棱锥的哪个面都可以作底，问题在于取哪个高更方便。比较而言，取 M 为顶点是最方便的。

【解法1】如图 3-1，由已知条件可知，$BC=2\cot 30°=2\sqrt{3}$，$MA=MB=MC=2$，因而点 M 在面 ABC 上的射影 G 必为△ABC 的外心，又 $AB^2+AC^2=8+4=12=BC^2$，故△ABC 是直角三角形，则斜边 BC 的中点即为△ABC 的外心 G。从而 $MG\perp$ 面 ABC。在原直角三角形中，易求得 $MG=\dfrac{1}{2}AC=1$，故得 $V_{A-BCM}=V_{M-ABC}=\dfrac{1}{3}S_{\triangle ABC}\times MG=\dfrac{1}{3}\times 2\sqrt{2}\times 1=\dfrac{2\sqrt{2}}{3}$。

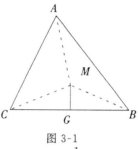

图 3-1

【解法2】由已知数据有（如图 3-2）$BC^2=AB^2+AC^2$，$AB^2=AM^2+BM^2$，

故得 $BA\perp AC$，$BM\perp MA$。

据此，过 B 作面 ACM 的垂线 BH 时，

有射影 $AH\perp AC$，$MH\perp AM$，在 Rt△AMH中，

$$AH=\frac{AM}{\cos 30°}=\frac{4}{\sqrt{3}}。$$

又在 Rt△BHA 中，$BH=\sqrt{AB^2-AH^2}=\sqrt{\dfrac{8}{3}}$，

故得三棱锥的体积为 $V_{A-BCM}=V_{B-ACM}=\dfrac{1}{3}S_{\triangle ACM}\times BH=\dfrac{2\sqrt{2}}{3}$。

【解法3】如图 3-3，过 C 作面 ABM 的垂线 CP 时，由 $CA=CM=2$ 知，P 在 AM 的中垂线上，由 $AC\perp AB$，知 $AP\perp AB$，于是在等腰 Rt△MAP 中，$AP=PM=\sqrt{2}$，从而 $CP=\sqrt{CA^2-AP^2}=\sqrt{2}$。得 $V_{A-BCM}=V_{C-ABM}=\dfrac{1}{3}S_{\triangle ABM}\times CP=\dfrac{2\sqrt{2}}{3}$。

【解法4】过 A 作面 BCM 的垂线 AE，由 $AC=$

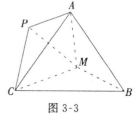

图 3-3

图 3-2

$AM=2$ 知，E 在 CM 的中垂线上；又由 $AM \perp BM$ 可知，$ME \perp MB$，这就确定了 E 必在 BC 上（请严格证明），从而有 $AE = \dfrac{AC \cdot AB}{BC} = \dfrac{2\sqrt{6}}{3}$，得

$$V_{A-BCM} = \frac{1}{3} S_{\triangle BCM} \times AE = \frac{1}{3} \times \sqrt{3} \times \frac{2\sqrt{6}}{3} = \frac{2\sqrt{2}}{3}.$$

【说明】这里的一题多解，来源于数学内在的和谐性，也体现了数学思维的广阔性。事实上，相当一部分的选择题和填空题，它们的解题思路确实是比较宽广的。

例题 3—3　（1）已知关于 x 的不等式 $\sqrt{2x-x^2} > kx$ 的解集为 $\{x \mid 0 < x \leqslant 2\}$，则实数 k 的取值范围是（　　）

A. $k < 0$　　　　　　　　B. $k \geqslant 0$

C. $0 < k < 2$　　　　　　D. $-\dfrac{1}{2} < k < 0$

（2）三角形的三内角成等差数列，它的面积为 $10\sqrt{3}$，周长是 20，则此三角形的三边长为（　　）

A. 5，6，9　　　　　　B. 5，7，8
C. 6，6，8　　　　　　D. 6，7，7

（1）【思路一】由 $0 < x \leqslant 2$ 知 $k < 0$，排除 B、C。A 与 D 中究竟哪一个是正确的呢？由观察知 A 成立（为什么观察即可获得结论呢？）

【思路二】只需取特殊值 $k = -1$，$x = 2$ 便可知 A 成立。

【思路三】画出 $y = \sqrt{2x-x^2}$ 与 $y = kx$ 的图象，一目了然。

（2）【思路一】由题意，$S_{\triangle ABC} = 10\sqrt{3}$，则 $ac = 40$（$\angle A$、$\angle B$、$\angle C$ 成等差数列，则 $\angle A$、$\angle B$、$\angle C$ 中必有一个角为 $60°$，不妨设 $\angle B = 60°$。使两个数的积为 40 的只有 B，这是本题的一个解。）

【思路二】因为 $a+b+c=20$，$ac=40$，所以 $(a+c)^2 = (20-b)^2$，$a^2+c^2+2ac-b^2 = 400-40b$，又 $b^2 = a^2+c^2-2ac\cos B$，则 $a^2+c^2-b^2 = 40$，所以 $b=7$，选 B 或 D。但 $\angle B = 60°$，若选 B，则 $\triangle ABC$ 为等边三角形，与题设矛盾。

【思路三】因为三角形 ABC 中三角成等差数列，不妨设 $\angle B = 60°$，又三角形不是等边三角形，故排除 C、D。再由余弦定理验证 B 成立。

例题 3—4 过抛物线 $y^2=4x$ 的焦点 F 的弦 AB 的中点的纵坐标为 4，求 $\angle AOB$ 的大小。

【分析】用余弦定理来求 $\angle AOB$ 的大小，也许是许多人的第一直觉。

【解法 1】设 A $(x_1,~y_1)$、B $(x_2,~y_2)$，则 $|~OA~|^2=x_1^2+y_1^2$，$|~OB~|^2=x_2^2+y_2^2$，$|~AB~|^2=(x_1-x_2)^2+(y_1-y_2)^2$，$\cos\angle AOB=$

$$\frac{|~OA~|^2+|~OB~|^2-|~AB~|^2}{2~|~OA~|\cdot|~OB~|}=\frac{x_1x_2+y_1y_2}{\sqrt{(x_1^2+y_1^2)~(x_2^2+y_2^2)}},$$

由 $\begin{cases} y^2=4x, \\ y=k~(x-1), \end{cases} \Rightarrow y^2=\dfrac{4y}{k}+4$。

所以 $y_1y_2=-4$，于是就有 $x_1x_2=1$。

所以 $\cos\angle AOB=\dfrac{-3}{\sqrt{17+(x_1y_2)^2+(x_2y_1)^2}}=\dfrac{-3}{\sqrt{17+(y_1+y_2)^2-2y_1y_2}}$，

而 $y_1+y_2=8$，所以 $\angle AOB=\text{ar}\cos\left(-\dfrac{3}{\sqrt{89}}\right)$。

【说明】设点 A $(x_1,~y_1)$，B $(x_2,~y_2)$ 而未求，这是经常使用的技巧，既然 A，B 的坐标设定了，那么 OA，OB 的斜率不是有了吗？

【解法 2】$k_{OA}=\dfrac{y_1}{x_1}$，$k_{OB}=\dfrac{y_2}{x_2}$，设 $\angle AOx=\alpha\angle BOx=\beta$，则 $\tan(\alpha+$

$\beta)=\dfrac{\tan\alpha+\tan\beta}{1-\tan\alpha\tan\beta}=\dfrac{k_{OA}-k_{OB}}{1+k_{OA}k_{OB}}$，所以 $\tan(\alpha+\beta)=-\dfrac{\sqrt{80}}{3}$，可求得 $x_1x_2=$

1，$y_1y_2=-4$，$y_1+y_2=8$，$\therefore\tan\angle AOB=-\dfrac{4\sqrt{5}}{3}$。

【说明】还有别的解法吗？再深入思考，思路还会更加广阔。其实，A，B 两点的纵坐标是显而易见的，因此直接解出 A，B 两点的坐标来也未尝不可。

例题 3—5 若正数列 $\{a_n\}$ 满足 $a_1=2$，$a_{n+1}^2-a_n^2=4$。

（1）求数列通项 a_n；

（2）设数列 $\{b_n\}$ 满足 $b_n=\left(\dfrac{2}{a_n}\right)^4$，求证 $b_2+b_3+\cdots\cdots+b_n\geqslant$

$\dfrac{n-1}{2n}$ $(n\geqslant 2,~n\in N)$。

【分析】解答第（1）题学生不会有问题。

数列 $\{a_n^2\}$ 不是以 $a_1^2=4$ 为首项，公差为 4 的等差数列吗？因此有

$a_n^2=4+4$ （$n-1$）$=4n$，由 $a_n>0$ 知 $a_n=2\sqrt{n}$（$n=1$，2，3…），还可以这样来考虑：$a_1=2$，由 $a_{n+1}^2-a_n^2=4$ 知 $a_2=2\sqrt{2}$，$a_3=2\sqrt{3}$，$a_4=2\sqrt{41}$，…，猜想 $a_n=2\sqrt{n}$，以下用数学归纳法证明之。对于第（2）题，我们有以下思路：易知 $b_n=\dfrac{1}{n^2}$（$n\in N$），当 $n\geqslant2$ 时，$n-2\geqslant0$，$n+n-2\geqslant n$，即

2（$n-1$）$\geqslant n$，故 $2n$（$n-1$）$\geqslant n^2$，$\dfrac{1}{n^2}\geqslant\dfrac{1}{2n(n-1)}=\dfrac{1}{2}$（$\dfrac{1}{n-1}-\dfrac{1}{n}$），所

以 $b_2+b_3+b_4+b_5\cdots+b_n\geqslant\dfrac{1}{2}$（$1-\dfrac{1}{2}+\dfrac{1}{2}-\dfrac{1}{3}+\cdots+\dfrac{1}{n-1}-\dfrac{1}{n}$）$=$

$\dfrac{1}{2}$（$1-\dfrac{1}{n}$）$=\dfrac{n-1}{2n}$。

【说明】本题解法是综合法，这种方法难度较大，不是所有的学生能应付自如，数学归纳法应该是尽人皆知的。

第二节　数学思维的趋密性

【题记】

数学解题过程，是一个复杂的思考过程。数学题一般由题目条件和结论两部分构成，思考的目的是找到条件和结论之间的联系"通道"。从这点上来说，数学解题有时又是比较教条的刻板的脑力游戏，具有"猜谜"特色，本文给出的就是一种寻找"解题通道"的方法。

中国古代四大名著之一的《水浒传》中有一个水上英雄，叫"浪里白条——张顺"，在陆地上，他很少与人打斗，总是把对方引到水边，然后把他拖下水去，从而施展他的水下功夫，克敌制胜。这个故事类比到数学解题思维上，就反映了数学解题中的一个极为常见的解题策略——"趋密"策略。

那么，什么是"趋密"策略呢？

当问题涉及的知识点稀疏时，把问题转化到知识点密集的领域中去，这就是数学解题的"趋密"策略。

在数学教材中，许多处理方法都运用了这种"趋密"的策略。在解答高考题的时候，如果我们学会运用"趋密"策略，那么，许多新问题便能得到满意解答。

最常见的例子就是解答应用问题，把所给的材料转化成熟悉的数学模型，然后用平时最常见的方法去完满地解决它。

陌生——熟悉，稀疏——密集。

这里面有一个信息收集、加工、提炼等过程，把问题转化为我们熟悉的数学问题，便是"浪里白条"把对方"拖下水"的过程。

在大范围里，实现数学中的"趋密"策略的具体路径，主要体现在以下三个方面。

一、升格

"升格"就是把问题从局部归结为整体，从低维提高到高维，从具体升格为抽象，经过这样的"加工转化"后，就会使问题便于解决了。这是因为，在抽象、整体、高维的情形下，知识更具有较强的概括性，容易进行形式逻辑的推理，从而获得丰富的理论知识，通过理论问题的解决，达到具体问题的解决。

例题 3—6　已知数列 $\{a_n\}$ 为：$\dfrac{1}{2}$，$\dfrac{1}{3}+\dfrac{2}{3}$，$\dfrac{1}{4}+\dfrac{2}{4}+\dfrac{3}{4}$，…，$\dfrac{1}{n+1}+\dfrac{2}{n+1}+\cdots+\dfrac{n}{n+1}$，那么 $\dfrac{1}{a_{20}a_{21}}$ 的值为_____。

【分析】把 a_{20} 与 a_{21} 分别求出来，这是一个多么麻烦的计算过程。

先求出通项公式 a_n 来，把局部问题放到整体中去解决。

易知 $a_n=\dfrac{1}{n+1}+\dfrac{2}{n+1}+\cdots+\dfrac{n}{n+1}=\dfrac{2}{n}$，$a_{n+1}=\dfrac{n+1}{2}$，故有 $\dfrac{1}{a_n a_{n+1}}=\dfrac{4}{n(n+1)}$，于是 $\dfrac{1}{a_{20}a_{21}}=\dfrac{4}{20\times21}=\dfrac{1}{105}$。

由此，我们看到了"升格"的作用：一个较为具体的数学运算问题，把它"更加数学化"，将之提高到数学抽象的水平上来，通过运算得到快速的解决，所谓数学模型化方法，正是立足于这样的思想。

例题 3—7　建筑学规定，民用住宅的窗户面积必须小于地板面积，但按照采光标准，窗户面积与地板面积的比，应不小于 10%，并且这个比越大，住宅的采光条件越好，问同时增加相等的窗户面积和地板面积，住宅的采光条件是变好了还是变坏了？说明理由。

【分析】假定原住宅的窗户面积和地板面积分别为 a，b（平方单位），同时增加的面积为 m，我们马上能做出肯定的回答：采光条件变好了。理由是脑子里立即出现了熟知的不等式，若 $b>a>0$，$m>0$，则 $\dfrac{a}{b}<\dfrac{a+m}{b+m}$。

将陌生的应用问题转化到熟悉的数学问题中来，这种"趋密"的策略，所起到的积极作用是显而易见的。

二、降格

认识事物的过程总是由简单到复杂，由低级向高级发展。把复杂的、多元的、高维的情形，分拆降维为简单的、一元的、低维的情形，尤其是举出特例或反例，可以将问题转化为我们熟悉的情形，从而找到解题的"感觉"。

例题 3—8　若不等式 $0\leqslant x^2-ax+a\leqslant 1$ 的解集是单元素集合，则 a 的值等于（　　）

A. 0　　　　　　　　　B. 2

C. 4　　　　　　　　　D. 6

【分析】将选择项逐一代入验证，把一个本来是较高要求的解不等式组的问题，降格为解一个简单的不等式，化难为易。

例题 3—9　如果奇函数 $f(x)$ 在区间 $[3，7]$ 上是增函数且最小值为 5，则 $f(x)$ 在区间 $[-7，-3]$ 上是（　　）

A. 增函数且最小值为 -5　　B. 减函数且最小值为 -5

C. 增函数且最大值为 -5　　D. 减函数且最大值为 -5

【分析】构造特殊函数（这个特殊函数的构造受到题干中常数 3 和 5 的点拨），那么简单，问题迎刃而解。

例题 3—10　试讨论方程 $x^2+(a+bi)x+c+di=0$（a，b，c 均为实数）有实根的条件。

【分析】复数问题实数化——降格，这应该是解决这一类问题的最一般的策略。在实数范围内讨论问题，远比复数集上熟悉和熟练。

不妨设实根为 m，则有 $m^2+(a+bi)m+c+di=0$，就有

$$\begin{cases} m^2+am+c=0, \\ bm+d=0, \end{cases}$$ 现在再来讨论上述方程组有实数解的条件，这是简单的事情了。易知，当 $b=d=0$ 时，$a^2-4c\geq0$，原方程有实数解 m；当 $b\neq0$ 时，在 $d^2-abd+b^2c=0$ 时，原方程有实数解 m。

当然，立体几何中空间量的问题，总希望转化成平面上几何量问题；三角函数的值，总是通过诱导公式转化为求 $[0,\frac{\pi}{2}]$ 上的角的三角函数值，在更熟悉的背景和条件下，问题解决得更爽快。

三、更格

更格，是将不同的信息形态进行互相转化，以转到知识点密集的信息形态上去。

数形结合是最生动的例子。

例题 3—11　若 $0<a<\frac{1}{k}$，$a^2<a-b$。求证：$b<\frac{1}{k+1}$（$k\geq2$，$k\in\mathbf{N}$）。

【分析】第一遍读完题目，给人的信息是稀疏的，两个已知条件 $0<a<\frac{1}{k}$，$a^2<a-b$ 到底能给我们什么联想呢？

第一个条件 $0<a<\frac{1}{k}$，只不过告诉我们的可取值的范围。当然，由于 $k\geq2$ 且 $k\in\mathbf{N}$，我们明白 a 的值随 k 的变化而变化。

第二个不等式 $a^2<a-b$ 建立在第一个条件的基础上，若变形为 $b<a-a^2$，便向我们展示了两种可能性：

其一，b 的值随 a 的改变而改变，这一信息使我们立即产生了有益的联想，b 会不会是 a 的函数？这个念头把问题转化到知识点密集的领域中去了。

其二，会不会建立一个图形，使之充分反映出满足题设条件的基本关系？利用图的直观性，进一步开拓思路，将原问题转化到知识点更密集且更熟悉的环境里。从而就有了下面的解法：

【解法】设 $g(a)=-a^2+a$，显然 $g(a)$ 为 a 的二次函数，其图象的对称轴方程为 $a=\frac{1}{2}$，而 $k\geq2$，

$\therefore g$ （a） 为 $0<a<\dfrac{1}{k}$ 上的单调增函数。

$\therefore b<g$ （$\dfrac{1}{k}$），即 $b<-\dfrac{1}{k^2}+\dfrac{1}{k}=\dfrac{k-1}{k^2}$，

而 $\dfrac{k-1}{k^2}<\dfrac{1}{k+1}$，故 $b<\dfrac{1}{k+1}$ 成立。

最常见的"更格"，还有以下两种：各种变换和换元，在中学数学里，平移变换是简化运算的一种十分重要的手段；而换元，则处处可见。将一个较为复杂的式子转换成简单而清晰的形态，这不仅是为了一种形式上的简化，真正的目的是把问题引入了一个我们熟悉的知识点密集的领域中去。

第三节　数学解题的应用意识

学习数学知识重在应用，在运用所学的知识解决问题中，既可提升思考问题的分析能力，又能深化对知识的理解，同时，在综合运用数学知识解决问题的过程中，数学技能技巧也得到锻炼和提高，有时也会形成一定的数学解题思想。

本文以"求数列中的最大项"问题为例，谈一谈数学应用意识在解题中的作用。数列问题是高考的一个热点，并且近年来高考对这类问题的考察力度越来越大。由于数列的构成规律不同，有的数列中的最大项仅有一个，有的数列中最大项有两个或多个，也有的数列中无最大项，数列中的最大项就像山区的一座座山峰一样，呈现出千差万别的状态，因而解这类题时，也就应根据题目的不同特点采用不同的方法。

一、应用函数知识求数列的最大项

例题 3—12　设等比数列 $\{a_n\}$ 的首项 $a_1=12$，公比 $q=-\dfrac{2}{3}$，记 $S_n=a_1+a_2+\cdots+a_n$，$T_n=a_1\cdot a_2\cdot a_3\cdots a_n$，求数列 $\{S_n\}$ 及 $\{T_n\}$ 中的最大项。

【解法】$S_n=\dfrac{a_1（1-q^n）}{1-q}=\dfrac{36}{5}\left[1-（-\dfrac{2}{3})^n\right]$，

当 $n=2k$ （$k\in\mathbf{N}^*$） 时，$S_n=S_{2k}=\dfrac{36}{5}\left[1-（\dfrac{2}{3})^{2k}\right]$，

当 $n=2k-1$（$k\in\mathbf{N}^*$）时，$S_n=S_{2k-1}=\dfrac{36}{5}[1+(\dfrac{2}{3})^{2k-1}]$，

显然，$S_{2k-1}>S_{2k}$，而函数 $y=(\dfrac{2}{3})^x$ 为减函数，

∴数列 $\{S_n\}$ 的最大项为 $S_1=12$。

$T_n=a_1\cdot a_2\cdot a_3\cdots a_1^n\cdot q^{\frac{n(n-1)}{2}}=12^n\ (-\dfrac{2}{3})^{\frac{n(n-1)}{2}}$。

$|\dfrac{T_{n+1}}{T_n}|=12\cdot(\dfrac{2}{3})^n$，由于函数 $y=12\cdot(\dfrac{2}{3})^x$ 是减函数，且 $x=$

$\log_{\frac{2}{3}}\dfrac{1}{12}\approx6.1$ 时，$y=1$，∴$x>6.1$，$y<1$；$x<6.1$，$y>1$。

∴当 $n\leqslant6$ 时，有 $|T_{n+1}|>|T_n|$，即 $|T_1|<|T_2|<$
$|T_3|<\cdots<|T_5|<|T_6|<|T_7|$，

当 $n>6$ 时，有 $|T_{n+1}|<|T_n|$，即 $|T_7|>|T_8|>|T_9|>$
$|T_{10}|$，…

又∵$T_5>0$，$T_6<0$，$T_7<0$，$T_8<0$，

∴最大项只可能是 T_5 或 T_8，由于 $\dfrac{T_8}{T_5}[12(\dfrac{2}{3})^6]^3>1$，

∴$T_8>T_5$，即数列 $\{T_n\}$ 中的最大项为 $T_8=12^8\cdot(\dfrac{2}{3})^{28}$。

由本例可以看出，由于数列是定义在正整数集上的函数，故可利用数列函数的性质（尤其是单调性）研究数列中的最大项（相当于求函数的最大值），解题中应注意数列中的 $n\in\mathbf{N}^*$。

二、应用不等式知识求数列的最大项

例题 3—13 已知数列 $\{a_n\}$ 满足：$a_1+a_2+a_3+\cdots+a_n=n-a_n$，（$n=1,2,3,\cdots$）

（1）求证：数列 $\{a_n\}$ 是等比数列；

（2）令 $b_n=(2-n)(a_n-1)$，（$n=1,2,3\cdots$），如果对任意 $x\in\mathbf{N}^*$，都有 $b_n+\dfrac{1}{4}t\leqslant t^2$，求实数 t 的取值范围。

【解法】（1）由题可知，$S_n=n-a_n$，（$n=1,2,3,\cdots$）

∴$S_{n+1}=(n+1)-a_{n+1}$，

两式相减，得 $2a_{n+1}=a_n+1$，两边同时乘以 $\frac{1}{2}$，再减去 1，

∴ $a_{n+1}-1=\frac{1}{2}(a_n-1)$，又 $a_1-1=\frac{1}{2}$，

∴数列 $\{a_n-1\}$ 是公比为 $\frac{1}{2}$ 的等比数列。

（2）由（1）可得 $a_n=1-\left(\frac{1}{2}\right)^n$，即 $b_n=(n-2)\left(\frac{1}{2}\right)^n$。

要使得不等式 $b_n+\frac{1}{4}t\leqslant t^2$，对任意 $x\in\mathbf{N}^*$ 恒成立，当且仅当数列 $\{b_n\}$ 的最大项小于或等于 $t^2-\frac{1}{4}t$ 恒成立。

问题归结为求数列 $\{b_n\}$ 的最大项，而确定数列 $\{b_n\}$ 的单调性运算过程又比较复杂，该如何解决这个问题呢？

综合运用数学知识，可以采用"以退为进"策略：设某项是数列的最大项，则该项必须不小于它临近的前后两项，先把这样的项求出来，再进行下一步分析。由此，有下面的运用"不等式的解法"。

设数列 $\{b_n\}$ 的最大项为第 r 项，则有 $\begin{cases}\dfrac{r-1}{2^r}\geqslant\dfrac{r-1}{2^{r+1}},\\[2mm]\dfrac{r-2}{2^r}\geqslant\dfrac{r-3}{2^{r-1}},\end{cases}$

∴ $\begin{cases}2r-4\geqslant r-1,\\ r-2\geqslant 2r-6,\end{cases}$ 从而 $3\leqslant r\leqslant 4$，又 $b_3=b_4=\dfrac{1}{8}$，

∴ $\dfrac{1}{8}\leqslant t^2-\dfrac{1}{4}t$，解得 $t\leqslant-\dfrac{1}{4}$ 或 $t\geqslant\dfrac{1}{2}$。

由数列问题，想到要运用与之相关得不等式知识，就是一种主动运用所学"不等式"知识的数学应用意识。解数列问题中的一些不等关系、不等式的恒成立问题，以及数列不等式的证明时，如果能灵活选择不等式知识，如不等式的证明方法、不等式等价变形的分析法等，就能使数列问题的解决变得灵活有趣。

三、应用导数知识求数列的最大项

例题 3—14 设函数 $f(x)$ 与数列 $\{a_n\}$ 满足关系：① $a_1>a$ 其中 a 是方程 $f(x)=x$ 的实数根；② $a_{n+1}=f(a_n)$（$n\in\mathbf{N}^*$）；③ $f(x)$ 的导

数 $f'(x) \in (0, 1)$。解答下列两个问题：

(1) 证明：a 不可能是数列 $\{a_n\}$ 中的项；

(2) 求数列 $\{a_n\}$ 中的最大项。

【解法】(1) $\because f(x)$ 的导数 $f'(x) \in (0, 1)$，

$\therefore$ 函数 $f(x)$ 是增函数，

$\therefore f(a_1) > f(a) = a$，

即 $a_2 > a$，假设 $a_k > a \ (k \in \mathbf{N}^*)$，则 $a_{k+1} > f(a) = a$ 成立，

由数学归纳法可知 $a_n > a \ (n \in \mathbf{N}^*)$，故 a 不可能是数列 $\{a_n\}$ 中的项。

(2) 设函数 $g(x) = x - f(x)$，则 $g'(x) = 1 - f'(x) > 0$，

$\therefore g(x)$ 是增函数，由 (1) 知 $a_n > a \ (n \in \mathbf{N}^*)$，

$\therefore g(a_n) > g(a)$，又 $g(a_n) = a_n - f(a_n)$，$g(a) = a - f(a) = 0$，$\therefore a_n - f(a_n) > 0$，即 $a_{n+1} = f(a_n) < a_n$，

$\therefore$ 数列 $\{a_n\}$ 是递减数列，故数列 $\{a_n\}$ 中的最大项为 a_1。

本题利用导数判定函数单调性，进而判定数列的单调性，可以求出数列中的最大项。

四、应用数列的性质求数列最大项

例题 3—15　已知数列 $\{a_n\}$ 的通项公式 $a_n = (n+1)(\frac{10}{11})^n$，$(n \in \mathbf{N}^*)$。试问数列 $\{a_n\}$ 有没有最大项？

【解法】$\because a_{n+1} - a_n = (n+2)\frac{10^{n+1}}{11} - (n+1)(\frac{10}{11})^n = (\frac{10}{11})^n \cdot \frac{9-n}{11}$，

$\therefore$ 当 $n < 9$ 时，$a_{n+1} - a_n > 0$，即 $a_{n+1} < a_n$；

当 $n = 9$ 时，$a_{n+1} - a_n = 0$，即 $a_{10} = a_9$；

当 $n > 9$ 时，$a_{n+1} - a_n < 0$，即 $a_{n+1} < a_n$；

故数列 $\{a_n\}$ 的单调性为 $a_1 < a_2 < \cdots < a_9 = a_{10} < a_{11} \cdots$，因而数列 $\{a_n\}$ 有最大项 a_9 或 a_{10}，其值为 $10 \cdot (\frac{10}{11})^{10} = \frac{10^{10}}{11^9}$。

本例运用与数列对应的函数的单调性，对相邻项做出大小比较，求出了最大项，也可以利用比商法研究相邻项的大小关系，进而达到求最大项的目的。

五、应用逻辑推理方法求数列的最大项

例题 3—16 正数列 $\{a_n\}$ 满足 $a_1=1$，$a_2=x$，$a_1a_n=\sqrt[n]{(a_1a_2a_3\cdots a_n)^2}$（$n=3$，4，5…）。

(1) 试计算 a_3，a_4 的值，并求数列 $\{a_n\}$ 的通项公式；

(2) 若数列 $\{b_n\}$ 满足 $b_n=(-1)^n na_n$（$n\in N^*$），试问数列 $\{b_n\}$ 中是否存在最大的项 b_m？若存在，试把 m 用 x 表示出来；若不存在，说明理由。

【解法】(1) ∵ $a_3=\sqrt[3]{(a_1a_2a_3)^2}=\sqrt[3]{(1\cdot x\cdot a_3)^2}$，

∴ $a_3=x^2$，

同理 $a_4=\sqrt[4]{(1\cdot x\cdot x^2\cdot a_4)^2}$，

∴ $a_4=x^3$，

可猜想 $a_n=x^{n-1}$（$n\in N^*$）。

∵ $a_1a_n=\sqrt[3]{(a_1a_2a_3\cdots a_n)^2}$（$n=3$，4，5…），

∴ $a_n^n=(a_1a_2\cdots a_n)^2$，

$a_{n+1}^{n+1}=(a_1a_2\cdots a_{n+1})^2$，

两式相除，得到递推式 $a_{n+1}=a_n^{\frac{n}{n-1}}$（$n=2$，3，…），

再用数学归纳法易证猜想正确（略）。

(2) 由 $b_n=(-1)^n na_n$（$n\in N^*$）知数列 $\{b_n\}$ 中各项的符号是正负交替出现，故数列 $\{b_n\}$ 若有最大项 b_m，则 b_m 必在 $\{b_n\}$ 的偶数项构成的数列 $\{b_{2k}\}$ 中，下面研究数列 $\{b_{2k}\}$ 中的最大项。

由于 $\dfrac{b_{2k+2}}{b_{2k}}=\dfrac{2(k+1)a_{2k+2}}{2ka_{2k}}=\dfrac{k+1}{k}x^2$，故对 x 与 k 讨论如下：

① 当 $x\geqslant 1$ 时，$b_{2k+2}>b_{2k}$，数列 $\{b_{2k}\}$ 是递增的，无最大项；

② 当 $0<x<1$ 时，由 $\dfrac{b_{2k+2}}{b_{2k}}=\dfrac{k+1}{k}x^2>1$ 得 $k<\dfrac{x^2}{1-x^2}$，

由 $\dfrac{b_{2k+2}}{b_{2k}}=\dfrac{k+1}{k}x^2<1$ 得 $k>\dfrac{x^2}{1-x^2}$，

令 $M=\left[\dfrac{x^2}{1-x^2}\right]$，$[x]$ 表示不超过 x 的最大整数。

如果 $\dfrac{x^2}{1-x^2}$ 是整数，则 $b_2<b_4<b_6\cdots<b_{2M}=b_{2M+2}$，$b_{2M+2}>b_{2M+4}>\cdots$，

因此数列 $\{b_{2k}\}$ 中有两项 $b_{2M}=b_{2M+2}$ 最大，此时 $2k=M$ 或 $2k=2M+2$；

如果 $\dfrac{x^2}{1-x^2}$ 不是整数，则 $b_2 < b_4 < b_6 < \cdots b_{2M} < b_{2M+2}$，$b_{2M+2} > b_{2M+4} > \cdots$，因此数列 $\{b_{2k}\}$ 中仅有一项 b_{2m+2} 最大，此时 $2k=2M+2$。

综上所述，当 $x \geqslant 1$ 时，数列 $\{b_{2k}\}$ 无最大项，即 b_m 不存在；当 $0 < x < 1$ 时，b_m 存在，此时

$$m = \begin{cases} \dfrac{2x^2}{1-x^2} \text{或} \dfrac{x^2}{1-x^2}+2, & \dfrac{x^2}{1-x^2} \in \mathbf{N}^* \\[4mm] 2\left[\dfrac{x^2}{1-x^2}\right]+2, & \dfrac{x^2}{1-x^2} \notin \mathbf{N}^*. \end{cases}$$

本文所举的求数列最大项一类题，就可以有多种解题思路，有数学应用意识就能综合思考熟练地解题。仅就数列最大项问题来说，有时需要学生灵活运用比较法、解不等式、分类讨论和函数方法等，对数列各项间的关系进行综合分析。

通过以上各例，意在说明数学解题过程中，要有综合运用所学数学知识的应用意识，对于数学各模块之间的联系要加强，"他山之石可以攻玉"，有时利用其他模块知识解决此模块问题时，会起到意想不到的便利。

第四节　数学解题的案例研究

一、数列通项与求和的通性通法

在高考试题中，数列有关的问题是一个高频考点，主要考查的能力点有四个方面：一是求通项公式问题；二是求和问题；三是数列性质应用问题；四是求证数列不等式问题。本文根据近几年高考中出现的数列有关问题，进行归纳研究，得出解答这些问题的共性方法——数列中的通性与通法。

（一）求通项公式的通性通法

解答求数列通项公式的通法主要分三大类：第一类是已知数列的特征（等差数列、等比数列），求通项公式；第二类是已知数列的前 n 项和 S_n 求这个数列的通项公式；第三类是已知递推公式，求通项公式。第一类是直

接运用有关知识点解决问题，所以在这里不再叙述，本文只介绍与后两类有关的问题。

1. 已知数列的前 n 项和 S_n，求数列的通项公式

给出数列的前 n 项和 S_n，求数列的通项公式的方法只有一种，即利用数列的性质：

$$a_n = \begin{cases} S_1 & (n=1), \\ S_n - S_{n-1} & (n \geq 2)。 \end{cases}$$

例题 3—17 已知数列 $\{a_n\}$ 的前 n 项和 $S_n = 2^n - 1$，求数列 $\{a_n\}$ 的通项公式。

【解法】因为 $S_n = 2^n - 1$，所以 $a_1 = 1$，$a_n = S_n - S_{n-1} = (2^n - 1) - (2^{n-1} - 1)$ $(n \geq 2) = 2^{n-1}$，

又因为 $a_1 = 1$ 也符合 $a_n = 2^{n-1}$ $(n \geq 2)$，所以数列 $\{a_n\}$ 的通项公式为 $a_n = 2^{n-1}$。

【点评】在利用数列的性质 $a_n = \begin{cases} S_1 & (n=1), \\ S_n - S_{n-1} & (n \geq 1), \end{cases}$ 求通项公式时，一定要注意首项与第二项起的通项公式之间的关系，如果出现"不一致"的情况，必须分段表示。如例题中的前 n 项和变为 $S_n = 2^n + 1$，则数列 $\{a_n\}$ 的通项公式为

$$a_n = \begin{cases} 3 & (n=1), \\ 2^{n-1} & (n \geq 2)。 \end{cases}$$

例题 3—18 已知数列 $\{a_n\}$ 的前 n 项和 $S_n = 11n - n^2$，求数列 $\{a_n\}$ 的前 n 项和 T_n。

【分析】表面上看，这个题目是求和问题，但实际是求通项公式问题。因为 $|a_n| = \begin{cases} a_n & (a_n \geq 0), \\ -a_n & (a_n < 0), \end{cases}$ 所以只要求出数列的通项公式，就知道数列 $\{a_n\}$ 的符号情况，进而可求 T_n。

【解法】因为 $S_n = 11n - n^2$，所以 $a_1 = 10$，$a_n = (11n - n^2) - [11(n-1) - (n-1)^2]$ $(n \geq 2) = 12 - 2n$ $(n \geq 2)$。又 $a_1 = 10$ 也符合 $a_n = 12 - 2n$ $(n \geq 2)$，所以数列 $\{a_n\}$ 的通项公式为 $a_n = 12 - 2n$。

由数列 $\{a_n\}$ 的通项公式易知，当 $n \geq 6$ 时，$a_n \geq 0$，当 $n < 6$ 时，$a_n < 0$。所以（1）当 $n \leq 6$ 时，$T_n = S_n = 11n - n^2$；（2）当 $n > 6$ 时，$T_n = $

$S_6 - (S_n - S_6) = 2S_6 - S_n = 2(11 \times 6 - 6^2) - (11n - n^2) = n^2 - 11n + 60$。综上所述，$T_n = \begin{cases} 11n - n^2 & (n \leqslant 6), \\ n^2 - 11n + 60 & (n > 6) \end{cases}$。

【点评】 在数列的有关问题中，数列的性质 $a_n = \begin{cases} S_n & (n=1), \\ S_n - S_{n-1} & (n \geqslant 2) \end{cases}$ 是解决问题非常重要的依据，除了直接用来求通项公式以外，还可以利用性质构造递推公式，这方面的应用在下面有专门的介绍。

2. 利用递推公式求通项公式

在高考中，有关求数列通项公式的试题里，主要是给出递推公式，求通项公式的问题，所以作为要参加高考的学生来说，这部分是需要重点掌握的内容。到 2006 年为止，在高考试题中出现的利用递推公式求通项公式的问题，通法归纳起来主要有三种方法。

一是构造新数列法：将递推公式经过适当的恒等变形转化为特殊数列的递推关系，如等差数列、等比数列、常数列或等差数列和等比数列的求和形式等。

二是猜想归纳法：利用递推公式先求出前几项，根据前几项猜想出通项公式，然后用数学归纳法证明其正确性。

三是迭代法：根据递推公式循环代入，一直代入到首项为止。

需要说明的是：以上三种通法对于有些数列求通项公式问题都是适用的，但根据递推公式结构的不同，三种方法体现着不同的局限性。一般情况下如果递推公式结构比较复杂，而且很难构造新数列时，一般采用"猜想归纳法"，除此以外，另两种方法要根据递推公式的具体结构再做选择。

例题 3—19 已知数列 $\{a_n\}$ 满足 $a_1 = 1$，$a_n = 2a_{n-1} + 1$ $(n \geqslant 2)$。求数列 $\{a_n\}$ 的通项公式。

【分析一】 根据条件中递推关系的结构，可以想到，先求前几项观察其有什么规律性，由此可以猜想到这个数列的通项公式，然后用数学归纳法证明猜想的正确性。

【解法 1】 猜想归纳法。

因为 $a_1 = 1$，$a_n = 2a_{n-1} + 1$ $(n \geqslant 2)$，所以

$a_2 = 2a_1 + 1 = 2 + 1 = 3 = 2^2 - 1$；

$a_3 = 2a_2 + 1 = 2 \times 3 + 1 = 7 = 2^3 - 1$；

$a_4 = 2a_3 + 1 = 2 \times 7 + 1 = 15 = 2^4 - 1$;

……

由此猜想 $a_n = 2^n - 1$，用数学归纳法证明其正确性（证明部分略）。

【点评】运用"猜想归纳法"求数列通项公式时，关键在于根据观察前几项的特征猜想出其蕴涵的一般规律性，即猜想出通项公式。因为数列的通项公式体现的是数列的项数与项之间的内在联系，也就是二者之间的函数关系，所以要多从项数与项之间找到相互的关联性。但这种方法的难点就是开始求的过程中怎样去发现特殊的结构，比如怎么能想到这个题目中的 $3 = 2^2 - 1$，从中也说明了这种方法的局限性，所以需要考虑另找其他的通法。

【分析二】如果关于 x 的方程 $a_n + x = 2(a_{n-1} + 1 + x)$ $(n \geq 2)$ 有解，那么可以构造新数列求通项公式。根据已知条件求这个方程的解得 $x = 1$，这样把求 $\{a_n\}$ 的通项公式的问题转化为求新数列 $\{a_n + 1\}$ 的通项公式的问题。

【解法 2】构造新数列法。

因为 $a_n = 2a_{n-1} + 1$ $(n \geq 2)$，所以 $a_n + 1 = 2(a_{n-1} + 1)$ $(n \geq 2)$，所以数列 $\{a_n + 1\}$ 是公比为 2 的等比数列。即 $a_n + 1 = (1+1) \times 2^{n-1}$，所以数列 $\{a_n\}$ 的通项公式是 $a_n = 2^{n-1}$。

【点评】（1）这种方法虽然简捷，但如果观察不到结构的特殊性，就想不到构造新数列，所以仔细观察题目中的结构特征是运用这种方法解决求通项公式的问题的关键所在。（2）我们根据这种方法求通项公式时，需要构造的新数列一般都是等差数列、等比数列或常数列，或构造可求和的新数列的和的形式，如给出前两项，再给出 $a_n - a_{n-1} = kn + b$ 或 $a_n - a_{n-1} = pq^n$ $(n \geq 1)$ 等。

【分析三】递推公式 $a_1 = 1$，$a_2 = 2a_{n-1} + 1$ $(n \geq 2)$ 体现的是任意连续两项之间的关系，所以如果从第 $n - 1$ 项依次代入到首项为止，就可求出通项公式。

【解法 3】迭代法。

因 $a_1 = 1$，$a_n = 2a_{n-1} + 1$ $(n \geq 2)$，故 $a_n = 2a_{n-1} + 1 = 2(2a_{n-2} + 1) + 1$
$= 2^2 a_{n-2} + 2 + 1$
$= 2(2a_{n-3} + 1) + 2 + 1$

$$=2^3 a_{n-3}+2^2+2+1$$

$$\cdots\cdots$$

$$=2^{n-1} a_1+2^{n-2}+\cdots+2+1$$

$$=2^{n-1}+2^{n-2}+\cdots+1+1$$

$$=\frac{2^{n-1}}{2-1}=2^n-1,$$

即数列 $\{a_n\}$ 的通项公式是 $a_n=2^n-1$。

【点评】如果递推公式结构不是很复杂时，一般情况下可用"迭代法"。

以上三种方法针对例题 3—19 都适用，这是因为递推公式的结构相对简单。但一般情况下给出的递推公式，要根据递推式结构特点，适当地选择上面介绍的通法中某一种或几种方法，才能比较顺利地求出其通项公式，看下面的三个例题。

例题 3—20　已知数列 $\{a_n\}$ 满足：$a_1=\frac{3}{2}$，且 $a_n=\frac{3na_{n-1}}{2a_{n-1}+n-1}$（$n\geqslant 2$，$n\in \mathbf{N}^*$），求数列 $\{a_n\}$ 的通项公式。

【分析】从这个题目的递推关系 $a_n=\frac{3na_{n-1}}{2a_{n-1}+n-1}$ 首先能发现这样的特殊性，即把右边的 n 除到左边后，左右两边项与对应的项数在分子和分母所处的"地位"是等同的，但还不是数列 $\{\frac{a_n}{n}\}$ 的递推关系的结构，看到右边分母的结构，想到把等式两边化为原来的倒数，就会发现 $\{\frac{a_n}{n}\}$ 的递推关系。这种递推关系是属于比较容易求通项公式的结构，这样就可以运用"构造新数列"方法去求这个数列的通项公式。

【解法】

$$a_n=\frac{3na_{n-1}}{2a_{n-1}+n-1}\ (n\geqslant 1,\ n\in\mathbf{N}^*)\Rightarrow \frac{a_n}{n}=\frac{3a_{n-1}}{2a_{n-1}+n-1}\Rightarrow \frac{n}{a_n}=\frac{2}{3}+$$

$$\frac{1}{3}\times\frac{n-1}{a_{n-1}}\Rightarrow \frac{n}{a_n}-1=\frac{1}{3}\ (\frac{n-1}{a_{n-1}}-1)\Rightarrow \frac{\frac{n}{a_n}-1}{\frac{n-1}{a_{n-1}}-1}=\frac{1}{3}\ (n\geqslant 2,\ n\in\mathbf{N}^*),$$

所以数列 $\{\frac{n}{a_n}-1\}$ 是公比为 $\frac{1}{3}$ 的等比数列。

又因为 $a=\dfrac{3}{2}$，所以 $\dfrac{n}{a_n}-1=\left(\dfrac{2}{3}-1\right)\cdot\left(\dfrac{1}{3}\right)^{n-1}$，数列 $\{a_n\}$ 的通项

公式是 $a=\dfrac{n\cdot 3^n}{3^n-1}$。

【点评】根据给出的递推公式，也可以用"归纳猜想法"，但难度很大，而"迭代法"几乎不可能用，即使能用，难度更大，所以此例选用最佳的通法还是"构造新数列法"。

例题 3—21 已知数列 $\{a_n\}$ 的各项都是正数，且满足 $a_0=1$，$a_{n+1}=\dfrac{1}{2}a_n(4-a_n)$。求数列 $\{a_n\}$ 的通项公式。

【分析】从 $a_{n+1}=\dfrac{1}{2}a_n(4-a_n)$ 结构特征（左边是一次结构，右边是二次结构，这样 a_{n+1} 和 a_n 的"地位"不同），容易看出很难构造新数列，所以想到运用"迭代法"。

【解法】因 $a_{n+1}=\dfrac{1}{2}a_n(4-a_n)=\dfrac{1}{2}\left[-(a_n-2)^2+4\right]$，所以

$2(a_{n+1}-2)=-(a_n-2)^2$，令 $b_n=a_n-2$，则 $b_n=-\dfrac{1}{2}b_{n-1}^2=$

$-\dfrac{1}{2}\left(-\dfrac{1}{2}b_{n-2}^2\right)^2=-\dfrac{1}{2}\cdot\left(\dfrac{1}{2}\right)^2 b_{n-2}^{2^2}=\cdots=-\left(\dfrac{1}{2}\right)^{1+2+\cdots+2^{n-1}}b_0^{2^n}$，又 $b_0=$

-1，所以 $b_n=-\left(\dfrac{1}{2}\right)^{2^n-1}$，即 $a_n=2+b_n=2-\left(\dfrac{1}{2}\right)^{2^n-1}$。

【点评】本题从解法的核心步骤看成运用"迭代法"，虽然前面也用"构造新数列"了，但构造新数列并没有达到直接求通项公式的结构，而是化成了迭代的结构而已。

例题 3—22 设数列 $\{a_n\}$ 的前 n 项和 S_n，且方程 $x^2-a_nx-a_n=0$ 有一个根为 S_n-1，$n\in\mathbf{N}^*$。

(1) 求 a_1a_2；

(2) 求 $\{a_n\}$ 的通项公式。

【分析】本题条件中有关于 S_n-1 的方程，通过 S_1，S_2 求解 a_1，a_2，利用 $a_n=S_n-S_{n-1}$ 得到关于 S_n 与 S_{n-1} 的关系，结合本题条件进一步猜想 S_n 的表达式，在应用数学归纳法证明后，再利用 $a_n=S_n-S_{n-1}$ 得出 $\{a_n\}$ 的通项公式 a_n。

【解法】(1) 当 $n=1$ 时，$S_1-1=a_1-1$ 为方程 $x^2-a_1x-a_1=0$ 的根，

代入 $a_1 = \dfrac{1}{2}$，同理解得 $a_2 = \dfrac{1}{6}$。

（2）由题设 $(S_n - 1)^2 - a_n (S_n - 1) - a_n = 0$，当 $n \geqslant 2$，$n \in \mathbf{N}^*$ 时，因为 $a_n = S_n - S_{n-1}$，则有 $S_n S_{n-1} - 2S_n + 1 = 0$（∗）

由（1）知 $S_1 = a_1 = \dfrac{1}{2} = \dfrac{1}{1+1}$，$S_2 = a_1 + a_2 = \dfrac{2}{3} = \dfrac{2}{2+1}$，由（∗）式可推知 $S_3 = \dfrac{3}{4} = \dfrac{3}{3+1}$，从而猜想 $S_n = \dfrac{n}{n+1}$。

下面用数学归纳法证明这个结论：

（1）当 $n = 1$ 时，$S_1 = \dfrac{1}{2}$，结论成立；

（2）假设当 $n = k$ 时，$S_k = \dfrac{k}{k+1}$ 成立，

那么当 $n = k+1$ 时，由（∗）式得 $S_{k+1} = \dfrac{1}{2 - S_k} = \dfrac{k+1}{k+2} = \dfrac{(k+1)}{(k+1)+1}$，故当 $n = k+1$ 时结论成立，从而 $S_n = \dfrac{n}{n+1}$。

因为 $n \in \mathbf{N}^*$，于是当 $n \geqslant 2$ 时，$a_n = S_n - S_{n-1} = \dfrac{n}{n+1} - \dfrac{n-1}{n} = \dfrac{1}{n(n+1)}$，当 $n = 1$ 时，$a_1 = \dfrac{1}{2}$ 也成立，所以 $\{a_n\}$ 的通项公式 $a_n = \dfrac{1}{n(n+1)}$（$n \in \mathbf{N}^*$）。

【点评】本例通过第（1）问的求解完全可以直接猜想出 $a_n = \dfrac{n}{n+1}$，但运用数列性质把 $(S_n - 1)^2 - a_n (S_n - 1) - a_n = 0$ 转化为 a_n，a_{n-1} 的递推关系是非常麻烦的，所以应该先求 S_n，再求 a_n。

（二）求和的通性通法

数列求和问题在高考中主要考察的是两类问题：一类是利用等差数列、等比数列的前 n 项和公式求和；另一类是先进行适当的恒等变形，把数列求和问题转化为可求和的形式。本文只介绍后一类的求和问题，有关的方法概括地说有四种"通法"，即"错位相减法""裂项法""倒序相加法"和"二项式定理法"，由于后两种方法结构都很特殊（如含有组合数符号的数列求和问题，很容易想到利用后两种方法中的一种），所以高考试题中出现的机会很少，本文只介绍前两种"通法"。

1. 错位相减法

"错位相减法"主要是针对数列的通项公式的表达式为等差数列和等比数列的乘积构成的新数列的求和问题。这种通法核心思维是：写出前 n 项和的等式，然后等式两边乘以等比数列的公比得到一个新的等式，经过错位相减将不可求和的数列转化为等比数列的求和问题。

例题 3—23　设数列 $\{a_n\}$ 的前 n 项和为 $S_n = 2n^2$，$\{b_n\}$ 为等比数列，且 $a_1 = b_1$，$b_2 = (a_2 - a_1) = b_1$。

(1) 求数列 $\{a_n\}$ 和数列 $\{b_n\}$ 的通项公式；

(2) 设 $c_n = \dfrac{a_n}{b_n}$，求数列 $\{c_n\}$ 的前 n 项和 T_n。

【解法】(1) $a_n = 4n - 2$，$b_n = \dfrac{2}{4^{n-1}}$（略）；

(2) 由 (1) 得 $c_n = \dfrac{a_n}{b_n} = \dfrac{4n-2}{\dfrac{2}{4^{n-1}}} = (2n-1)\ 4^{n-1}$，

$T_n = c_1 + c_2 + \cdots c_n = [1 + 3 \times 4^1 + 5 \times 4^2 + \cdots + (2n-1)\ 4^{n-1}]$，

$4T_n = [1 \times 4 + 3 \times 4^2 + 5 \times 4^3 + \cdots + (2n-1)\ 4^{n-1} + (2n-1)\ 4^n]$。

两式相减，得 $3T_n = -1 - 2\ (4^1 + 4^2 + \cdots + 4^{n-1}) + (2n-1)\ 4^n = \dfrac{1}{3}\ [(6n-5)4^n + 5]$，所以 $T_n = \dfrac{1}{9}\ [(6n-5)4^n + 5]$。

【点评】如果乘积中的等比数列的公比是参数形式，就一定要注意讨论数列的公比是否等于 1。

2. 裂项法

适合用"裂项法"求和的数列 $\{c_n\}$ 必须满足以下条件：$c_n = b\ (\dfrac{1}{a_n} - \dfrac{1}{a_{n-1}})$，$b$ 是非零的常数。其中右边的数列 $\{a_n\}$ 最常见的是等差数列，即 $\dfrac{1}{a_n a_{n+1}} = \dfrac{1}{d}\ (\dfrac{1}{a_n - a_{n-1}})$，其他的裂项还有 $\dfrac{1}{n\ (n+1)\ (n+2)} = \dfrac{1}{2}\ [\dfrac{1}{n\ (n+1)} - \dfrac{1}{(n+1)\ (n+2)}]$ $\dfrac{n}{(n+1)!} = \dfrac{1}{n!} - \dfrac{1}{(n+1)!} = \dfrac{2^n}{(2^n-1)\ (2^{n+1}-1)} = \dfrac{1}{2^n-1} - \dfrac{1}{2^{n+1}-1} \cdots$

例题 3—24　设数列 $\{a_n\}$ 的前 n 项和为 $S_n = \frac{4}{3}a_n - \frac{1}{3} \times 2^{n+1} + \frac{2}{3}$，$n = 1$，$2$，$3$，…

（1）求首项 a_1 与通项 a_n；

（2）设 $T_n = \frac{2^n}{S_n}$，$n = 1$，2，3，…，证明：$\sum_i^n T_i < \frac{3}{2}$。

【解法】（1）$a_1 = 2$；$a_n = 4^n - 2^n$（略）；

（2）把（1）的结果代入已知条件得 $S_n = \frac{4}{3}a_n - \frac{1}{3} \times 2^{n+1} + \frac{2}{3} = \frac{4}{3}(4^n - 2^n) - \frac{1}{3} \times 2^{n+1} + \frac{2}{3} = \frac{2}{3}(2^{n+1} - 1)(2^n - 1)$；$T_n = \frac{2^n}{S_n} = \frac{3}{2} \times$

$\frac{2^n}{(2^{n+1} - 1)(2^n - 1)} = \frac{3}{2}\left(\frac{1}{2^n - 1} - \frac{1}{2^{n+1} - 1}\right)$，所以 $\sum_{i=1}^n T_i = \frac{3}{2}\left(\frac{1}{2^1 - 1} - \frac{1}{2^{n+1} - 1}\right) < \frac{3}{2}$。

【点评】运用"裂项法"是数列求和的难点，但只要注意观察结构特征，就能发现"裂项"所需的恒等变形的依据。

通过本文不难看出，命题者非常注意考查数列等问题的通性通法，所以准备参加高考的学生一定要在各个专题的通性通法上狠下功夫，以不变来应万变。

二、数列单调性问题的三种典型解法

数列的单调性是指数列是递增数列或者是递减数列。研究数列的单调性问题时，应注意它与函数单调性问题在解题思路和方法上的差别。下面就一道数列题给出三种典型解法。

例题 3—25　已知数列 $\{a_n\}$ 是单调递增数列，且对于任意非零自然数 n，$a_n = n^2 + \lambda n$ 恒成立，求实数 λ 的取值范围。

【解法 1】利用递增数列的定义解题。

数列 $\{a_n\}$ 是单调递增数列，

∴ $a_{n+1} > a_n$ ①，对一切 $n \in \mathbf{N}^*$ 恒成立，即 $(n+1)^2 + \lambda(n+1) > n^2 + \lambda n$，

整理得 $-\lambda < 2n + 1$ ②，对一切 $n \in \mathbf{N}^*$ 恒成立。

由于 $2n + 1 \geqslant 3$，即当 $n = 1$ 时，$2n + 1$ 取得最小值 3，

故只需 $-\lambda < 3$，从而 $\lambda > -3$。

【解法 2】 结合函数单调性解题。

将数列 $\{a_n\}$，$a_n = n^2 + \lambda n$ 视为函数 $y = x^2 + \lambda x$，当 x 取非零自然数 n（$n = 1$，2，$3\cdots$）时的函数值，依次排列而成的数列，则点列 $(1, a_1)$，$(2, a_2)$，$(3, a_3)$，$\cdots$，(n, a_n)，$\cdots$，在函数 $y = x^2 + \lambda x$ 的图象上。

为使数列 $\{a_n\}$ 是单调递增数列，结合抛物线 $y = x^2 + \lambda x$ 的对称性及单调性可知，只需函数 $y = x^2 + \lambda x$ 的图象的对称轴 $x = -\dfrac{\lambda}{2} < \dfrac{1+2}{2} = \dfrac{3}{2}$ 即可。

这里注意，不必使 $-\dfrac{\lambda}{2} < 1$，即点列 $(1, a_1)$，$(2, a_2)$，$(3, a_3)$，$\cdots$，(n, a_n)，$\cdots$，不必都在函数 $y = x^2 + \lambda x$ 的单调递增区间的图象上，就可使 $a_1 < a_2 < a_3 \cdots$ 成立，由 $-\dfrac{\lambda}{2} < \dfrac{3}{2}$，得 $\lambda > -3$。

【解法 3】 利用导数解题。

设函数 $y = x^2 + \lambda x$，求导，得 $y' = 2x + \lambda$。

为使数列 $\{a_n\}$，$a_n = n^2 + \lambda n$ 是单调递增数列，只需二次函数 $y = x^2 + \lambda x$ 在 $\left[\dfrac{3}{2}, +\infty\right)$ 上是单调递增函数即可。

由 $y > 0$，即 $x > -\dfrac{\lambda}{2}$ 在 $\left[\dfrac{3}{2}, +\infty\right)$ 上总成立，只需 $\dfrac{3}{2} > -\dfrac{\lambda}{2}$，从而 $\lambda > -3$。

由以上三种解法可以看出，数列单调性与函数单调性既有共性又有差别，解题时要注意二者的不同点，避免解题失误。结合函数图象及其性质解题时，要特别注意考查点列 $(1, a_1)$，$(2, a_2)$，$(3, a_3)$，$\cdots$，(n, a_n)，$\cdots$，使得当自变量 1，2，3，$\cdots$ 依次增大时，相应的函数值 $a_1 < a_2 < a_3 < \cdots$ 也依次增大，这是解数列问题的关键所在。

三、导数与函数不等式问题的分析细节

导数与函数不等式问题在近几年高考题中频频出现，难度逐年加大且解题方法逐年变化着，因此对这类题的特点与解题思路要认真归纳与总结。笔者研究发现，这类函数不等式问题一般可以利用分析法来解。

（一）利用分析法解题细节一，构造新函数

具体解题时，要灵活地运用题目中函数不等式的结构特点，并联系要解决的结论信息恰当地引入函数（也称为构造函数或建立函数或设出函数），然后主动运用函数性质进行分析，最终达到解决问题的目标。

近年的高考试题在压轴位置往往设置这类题，目的在于重点考查：（1）导数与函数、方程、不等式的转化与整合能力；（2）分类讨论的运用能力；（3）利用导数求曲线在某点处的切线斜率这一知识点的理解程度。

（二）利用分析法解题细节二，局部分析法

从命题形式看，导数压轴题的第一问，一般直接设问，解法也比较简单，即通过设出差函数（或者和、差、积、商函数兼有），再求导数，求极值、最值等，偶尔也设置题目是要通过"二次求导"才能解决的稍难一点的一问，这样的题目一般要先设出导数式中的"局部函数"，对这个局部函数求导数，再进行分析极值最值或函数值域的论证。第二问，一般要由欲证的结论不等式出发，逐步逆推分析，最后落实到只要证明一个基本不等式 $\left[\text{如：}(\frac{1}{x}+1)^x \leqslant e,\ (x>-1)\ \text{等}\right]$ 成立即可。

（三）利用分析法解题细节三，逆推讨论法

近年来的命题趋势是：在逆推分析中，向上推理时有不同情形，这就需要运用"讨论法"把每一种可能都讨论到即可，解题的关键点在于分类的科学合理性，考查考生思维的灵活与机智。

例题 3—26 已知函数 $f(x) = ax + \dfrac{a-1}{x}$ $(a \in \mathbf{R})$。

（1）若 $\ln x - f(x) \leqslant -1$ 对 $x \in (0, +\infty)$ 恒成立，求实数 a 的取值范围；

（2）对任意 $n \in \mathbf{N}^*$，证明 $(n+1)^n < e^n \cdot n!$。

【分析】本题条件函数式中含一个字母 a，就要有"讨论"的思想准备。第（1）问，要证明的函数不等式结构简单，可以直接构造出"差函数"求解；第（2）问，要证的函数不等式中呈现复合型的指数函数结构，看似与题目条件没有密切关联，思路受阻，这时就该想到与"指数"密切关联的知识点——对数式，而第（1）问结论正是"对数"形式，因而，联想到"第一问结论可否一用"，思路就出现了。

【解法】(1) $\ln x - f(x) \le -1$，即 $\ln x - ax - \dfrac{a-1}{x} \le -1$，

令函数 $g(x) = \ln x - f(x)$，$x \in (0, +\infty)$，

则 $g'(x) = \dfrac{1}{x} - a - \dfrac{a-1}{x^2} = \dfrac{x - ax^2 + (a-1)}{x^2}$，

再设函数 $h(x) = -ax^2 + x + (a-1)$，$x \in (0, +\infty)$，

①当 $a = 0$，$h(x) = x - 1$，可知 $g(x)_{\min} = g(1) = -1$，

此时 $g(x)$ 不能恒小于 -1，不合题意；

②$a < 0$，$h(x) = -ax^2 + x + (a-1) = 0$，$x_1 = 1$，$x_2 = \dfrac{1-a}{a} < 0$，

$g(x)_{\min} = g(1) = 1 - 2a > 0$，此时 $g(x)$ 不能恒小于 -1，不合题意；

③当 $a > 0$，$h(x) = -ax^2 + x + (a-1)$，$g(x)_{\min} = g(1) = 1 - 2a$，

依据题意，$1 - 2a \le -1$，得 $a \ge 1$。

综合上面三种情形的讨论，得 $a \ge 1$。

(2) 由 (1) 的结论，取 $a = 1$，得 $\ln x - x \le -1$，从而 $\ln x \le x - 1$，$x > 0$，再把 x 换成 $x+1$，得 $\ln(x+1) \le x$，$(x > -1)$，

即 $\dfrac{1}{x} \ln(x+1) \le 1$，$(x > -1)$，从而有 $(\dfrac{1}{x}+1)^x \le e$，$(x > -1)$ 成立，则当 x 依次取正整数 1，2，3，$\cdots$，就有下面一系列不等式，即

$(\dfrac{1}{1}+1)^1 \le e$，

$(\dfrac{1}{2}+1)^2 \le e$，

$(\dfrac{1}{3}+1)^3 \le e$，

……

$(\dfrac{1}{n}+1)^n \le e$，

以上不等式两边分别相乘，得

$(\dfrac{2}{1})^1 \cdot (\dfrac{3}{2})^2 \cdot (\dfrac{4}{3})^3 \cdots (\dfrac{n+1}{n})^n < e^n$，

所以 $(n+1)^n < e^n \cdot n!$

【小结】数学形式上的转化与化归会给解题带来生机，本题关键点有二，一是设出局部函数，二是指数式与对数式的适时转化。

拓展练习 若定义在区间 D 上的函数 $f(x)$ 对 D 上的任意 n 个值 x_1，x_2，$\cdots$，x_n，总满足 $\dfrac{1}{n}[f(x_1)+f(x_2)+\cdots f(x)]\leqslant f(\dfrac{x_1+x_2+\cdots x_n}{n})$，则称 $f(x)$ 为 D 上的凸函数。已知函数 $y=\sin x$ 在区间 $(0,\pi)$ 上是"凸函数"，则在 $\triangle ABC$ 中，$\sin A+\sin B+\sin C$ 的最大值是_____。

【答案：$\dfrac{3\sqrt{3}}{2}$】

以函数为背景运用导数工具来求解的函数不等式压轴题，解题中不等式是核心，也是联结函数与导数的纽带。这类题的解题通法就是函数值域的判断和求解，高考常见题型是研究超越函数的单调性、值域、极值等，以及由导数的几何意义，还可研究函数曲线在某点处的切线斜率问题等，解题方法通常都是要构造函数，把问题转化为求函数最值的讨论问题。

四、利用导数解题之构造函数的细节

近几年来的高考导数题，一改以往给定函数只要按照"求导步骤"，按部就班地求导讨论就可以解题的套路，几乎每题都要"构造函数"，这就需要考生有灵活、主动构造函数的解题能力。如何针对解题需要、结合题中条件和经验恰当地构造函数呢？下面谈几种常用构造函数的思路。

教材上习题的回顾。证明下列不等式：

(1) $\sin x>x$，$x\in(0,\pi)$；

(2) $x-x^2>0$，$x\in(0,1)$；

(3) $e^x>1+x$，$x\neq0$；

(4) $\ln x<x<e^x$，$x>0$.

解法提示：(1) 设 $f(x)=\sin x-x$；(2) 设 $f(x)=x-x^2$；(3) 设 $f(x)=e^x-1-x$；(4) 设 $f(x)=\ln x-x$。

可见，解这类题转化法是基本思路，构造和差积商函数是常用的方法。

(一) 构造整体函数

例题 3—27　(2013 年高考Ⅰ卷, 9) 若函数 $f(x) = x^2 + ax + \dfrac{1}{x}$ 在

$(\dfrac{1}{2}, +\infty)$ 是增函数, 则 a 的取值范围是 (　　)

A. $[-1, 0]$ 　　　　　　　B. $[-1, +\infty)$

C. $[0, 3]$ 　　　　　　　D. $[3, +\infty)$

【分析】考查函数的单调性, 分离变量法解题。

【解法】$f'(x) \geqslant 0$ 在 $(\dfrac{1}{2}, +\infty)$ 上恒成立,

$a \leqslant \dfrac{1}{x^2} - 2x$ 在 $(\dfrac{1}{2}, +\infty)$ 上恒成立。

设 $g(x) = \dfrac{1}{x^2} - 2x$ (欲求函数最值时, 可以把全部解析式设成一个

函数, 也可以局部求最值), $g'(x) = -\dfrac{2}{x^3} - 2$,

令 $g'(x) = -\dfrac{2}{x^3} - 2 = 0$ 得 $x = -1$,

当 $x \in (\dfrac{1}{2}, +\infty)$ 时, $g'(x) < 0$,

故 $g(x)_{\max} = g(\dfrac{1}{2}) = 2 + 1 = 3$。

所以 $a \geqslant 3$, 选 D。

例题 3—28　已知函数 $f(x) = ax^2 - x + e^x$ 在 $[0, +\infty)$ 内单调递

增, 求实数 a 的取值范围。

【分析】把整体作为函数, 最大最小值可能不存在, 从而遇到"困

难"。改用讨论法。

由题意可得 $f'(x) = 2ax - 1 + e^x \geqslant 0$ 在 $x \in [0, +\infty)$ 时恒成立,

当 $x = 0$ 时, $f'(x) = 2ax - 1 + e^x = 0 \geqslant 0$, 满足题意。当 $x \neq 0$ 时, 有下

面解法:

【解法 1】分离常数。

由 $f'(x) = 2ax - 1 + e^x = 0 \geqslant 0$, 可得 $a \geqslant \dfrac{1}{2} (\dfrac{1 - e^x}{x})$ 在 $x \in$

$(0, +\infty)$ 时恒成立, 显然函数 $h(x) = \dfrac{1 - e^x}{x}$ 在 $(0, +\infty)$ 单调递减,

故不存在最大值。

【解法 2】讨论法。

欲求 $h(x)$ 最大"上限"，可以用讨论法，构造函数：

$g(x) = 2ax - 1 + e^x$，

$\because x \geqslant 0$，$\therefore e^x \geqslant 1$，当 $a \geqslant -\dfrac{1}{2}$ 时，$g'(x) = 2a + e^x \geqslant 0$ 恒成立，

此时，函数 $g(x) = 2ax - 1 + e^x$ 在区间 $[0, +\infty)$ 上单调递增，

所以 $g(x) \geqslant g(0) = 0$ 满足题意；

当 $a < -\dfrac{1}{2}$ 时，令 $g'(x) = 0$ 得 $x = \ln(-2a)$，

在 $(\ln(-2a), +\infty)$ 内单调递增，而 $g(0) = 0$，

从而当 $x \in (0, \ln(-2a))$ 时，$g(x) < g(0) = 0$，不符合题意。

综上所述：a 的取值范围是 $\left[-\dfrac{1}{2}, +\infty\right)$。

（二）构造局部函数

例题 3—29　已知函数 $f(x) = \dfrac{a + b\ln x}{x + 1}$ 在点 $(1, f(1))$ 处的切线方程为 $x + y = 2$。

（1）求 a，b 的值；

（2）对函数 $f(x)$ 定义域内的任意一个实数 x，$f(x) < \dfrac{m}{x}$ 恒成立，求实数 m 的取值范围。

【解法】（1）由 $f(x) = \dfrac{a + b\ln x}{x + 1} \Rightarrow f'(x) = \dfrac{\dfrac{b}{x}(x+1) - (a + b\ln x)}{(x+1)^2}$，

而点 $(1, f(1))$ 在直线 $x + y = 2$ 上 $\Rightarrow f(1) = 1$，又直线 $x + y = 2$ 的斜率为 $-1 \Rightarrow f'(1) = -1$，

$\therefore \begin{cases} \dfrac{a}{2} = 1, \\ \dfrac{2b - a}{4} = -1, \end{cases} \Rightarrow \begin{cases} a = 2, \\ b = -1。 \end{cases}$

（2）由（1）得 $f(x) = \dfrac{2 - \ln x}{x + 1}$（$x > 0$），

由 $f(x) < \dfrac{m}{x}$ 及 $x > 0 \Rightarrow \dfrac{2x - x\ln x}{x + 1} < m$。

令 $g(x)=\dfrac{2x-x\ln x}{x+1}\Rightarrow g'(x)=\dfrac{(1-\ln x)(x+1)-(2x-x\ln x)}{(x+1)^2}=$

$\dfrac{1-x-\ln x}{(x+1)^2}$。

令 $h(x)=1-x-\ln x\Rightarrow h'(x)=-1-\dfrac{1}{x}<0\ (x>0)$,

故 $h(x)$ 在区间 $(0,+\infty)$ 上是减函数。

当 $0<x<1$ 时,$h(x)>h(1)=0$;

当 $x>1$ 时,$h(x)<h(1)=0$;

从而当 $0<x<1$ 时,$g'(x)>0$,当 $x>1$ 时,$g'(x)<0$。

$\Rightarrow g(x)$ 在 $(0,1)$ 是增函数,在 $(1,+\infty)$ 是减函数。

故 $g(x)_{\max}=g(1)=1$,要使 $\dfrac{2x-x\ln x}{x+1}<m$ 成立,只需 $m>1$。

【说明】局部(分子)构造函数 $h(x)$ 是本题成功之处。

(三)逆用"求导过程",推理看出要构造的"原函数"

例题 3—30 (2013 辽宁卷,12)设函数 $f(x)$ 满足若函数 $x^2f'(x)+2xf(x)=\dfrac{e^x}{x}$,$f(2)=\dfrac{e^2}{8}$,则 $x>0$ 时,$f(x)$(　　)

A. 有极大值,无极小值

B. 有极小值,无极大值

C. 既有极大值,又有极小值

D. 既无极大值,也无极小值

【解法】考查导数应用及转化能力。

由题意,$[x^2f(x)]'=\dfrac{e^x}{x}$(本题关键),

令 $g(x)=x^2f(x)$(本题关键),$g'(x)=\dfrac{e^x}{x}$,且 $f(x)=\dfrac{g(x)}{x^2}$,

所以 $f'(x)=\dfrac{xg'(x)-2g(x)}{x^3}=\dfrac{e^x-2g(x)}{x^3}$,

令 $h(x)=e^x-2g(x)$(局部设出函数)(当判断导函数正负时,局部设出函数即可),则

$h'(x)=e^x-2g'(x)=e^x-\dfrac{2e^x}{x}=\dfrac{e^x(x-2)}{x}$,

所以 $x>2$ 时 $h'(x)>0$;当 $0<x<2$ 时 $h'(x)<0$,从而

$h\ (x)\geqslant h\ (2)\ =0,$

即 $f'\ (x)\ \geqslant 0$，所以当 $x>0$ 时，$f\ (x)$ 是单调递增的，$f\ (x)$ 无极大值也无极小值。

【说明】本题解题关键是观察含导数的混合式特点，达到构造函数目的。

(四) 先等价变形，再构造函数

例题 3—31　已知 a，b 为实数，且 $b>a>e$。求证：$a^b>b^a$。

【解法】$a^b>b^a\Leftrightarrow b\ \ln a>a\ \ln b\Leftrightarrow\dfrac{\ln a}{a}>\dfrac{\ln b}{b},$

构造 $f\ (x)\ =\dfrac{\ln x}{x}\ (x>e),$

求导得 $f'\ (x)\ =\dfrac{\sqrt{1-\ln x}}{x^2}<0\ (x>e),$

所以 $f\ (x)\ =\dfrac{\ln x}{x}\ (x>e)$ 单调递减，得证。

例题 3—32　已知函数 $f\ (x)\ =\ (1+x)\ e^{-2x}$。

求证：当 $x\in\ [0,\ 1]$ 时，$1-x\leqslant f\ (x)\ \leqslant\dfrac{1}{1+x}$。

【解法】构造"差函数"；本题关键是"等价变形"。

要证明 $x\in\ [0,\ 1]$ 时，$1-x\leqslant\ (1+x)\ e^{-2x}\leqslant\dfrac{1}{1+x},$

先证明 $(1+x)\ e^{-2x}\geqslant 1-x,$

只需证明 $(1+x)\ e^{-x}\geqslant\ (1-x)\ e^{x},$

记 $h\ (x)\ =\ (1+x)\ e^{-x}-\ (1-x)\ e^{x}$，则 $h'\ (x)\ =x\ (e^{x}-e^{-x}),$

当 $x\in\ (0,\ 1)$ 时 $h'\ (x)\ >0$，$h\ (x)$ 在 $[0,\ 1]$ 上是增函数，

故 $h\ (x)\ \geqslant h\ (0)\ =0$，从而 $f\ (x)\ \geqslant 1-x$。

再证 $x\in\ [0,\ 1]$ 时，$(1+x)\ e^{-2x}\leqslant\dfrac{1}{1+x},$

只需证明 $e^{x}\geqslant x+1,$

记 $k\ (x)\ =e^{x}-x-1$，$k'\ (x)\ =e^{x}-1,$

当 $x\in\ (0,\ 1)$ 时，$k'\ (x)\ >0$，$k\ (x)$ 在 $[0,\ 1]$ 上是增函数，

故 $k\ (x)\ \geqslant k\ (0)\ =0$，所以 $f\ (x)\ \leqslant\dfrac{1}{1+x}$。

综上，当 $x \in [0, 1]$ 时，$1-x \leqslant f(x) \leqslant \dfrac{1}{1+x}$。

（五）先放缩，再构造函数

例题 3—33 设函数 $f(x) = e^x - 1 - x - ax^2$。

（1）若 $a = 0$，求 $f(x)$ 的单调区间；

（2）若当 $x \geqslant 0$ 时，$f(x) \geqslant 0$，求 a 的取值范围。

【解法】（1）当 $a = 0$ 时，$f(x) = e^x - 1 - x$，$f'(x) = e^x - 1$，由 $f'(x) = 0$，得 $x = 0$。当 $x \geqslant 0$ 时，$f'(x) = e^x - 1 \geqslant 0$，$f(x) = e^x - 1 - x$ 单调递增；当 $x \leqslant 0$ 时，$f'(x) = e^x - 1 \leqslant 0$，$f(x) = e^x - 1 - x$ 单调递减；∴当 $a = 0$ 时，$f(x)$ 的单调递增区间是 $[0, +\infty)$，单调递减区间是 $(-\infty, 0]$.

（2）由（1）知当 $a = 0$ 时 $f(x)$ 最小值为 $f(0) = 0$，即 $f(x) = e^x - 1 - x \geqslant 0$，

∴$e^x \geqslant 1 + x$，当且仅当 $x = 0$ 时取等号。

∵$f'(x) = e^x - 1 - 2ax$，

∴$f'(x) \geqslant x - 2ax = (1-2a)x$，讨论如下：

①当 $a \leqslant \dfrac{1}{2}$ 时，有 $1 - 2a \geqslant 0$，所以 $f'(x) = (1-2a)x \geqslant 0$（$x \geqslant 0$），即 $f'(x) \geqslant 0$（$x \geqslant 0$）成立，所以 $f(x)$ 在 $[0, +\infty)$ 上单调递增，而 $f(0) = 0$，于是当 $x \geqslant 0$ 时，$f(x) \geqslant 0$ 成立。

②当 $a > \dfrac{1}{2}$ 时，有 $1 - 2a < 0$，又由 $e^x \geqslant 1 + x$，可得 $e^{-x} > 1 - x$（$x \neq 0$），∴$f'(x) = e^x - 1 - 2ax < e^x - 1 + 2a(e^{-x} - 1) = e^{-x}(e^x - 1)(e^x - 2a)$

从而当 $0 < x < ln2a$ 时，$f'(x) < 0$，$f(x)$ 在区间 $(0, ln2a)$ 单调递减，而 $f(0) = 0$，∴当 $0 < x < ln2a$ 时，$f(x) < 0$，与题中要求 $f(x) \geqslant 0$ 矛盾。

综合①②得 a 的取值范围为 $\left(-\infty, \dfrac{1}{2}\right)$。

【说明】第二问解法的关键：先利用第一问的结论进行不等式放缩。

（六）逆向思考法，构造函数

由问题需要先探索、逆推，猜想出要构造的函数，再加以论证。

例题 3—34　设 $f(x)=\dfrac{1}{2}ax^2-2ax+\ln x$，已知函数 $f(x)$ 有两个极值点 x_1，x_2，且 $x_1x_2>\dfrac{1}{2}$。

（1）求 a 的取值范围；

（2）若存在 $x_0\in\left[1+\dfrac{\sqrt{2}}{2},\ 2\right]$，使 $f(x_0)+\ln(a+1)>m(a^2-1)-(a+1)+2\ln2$ 对任意的 a（取值范围内的值）恒成立，求实数 m 的取值范围。

【解法 1】（1）$f'(x)=ax-2a+\dfrac{1}{x}=\dfrac{ax^2-2ax+1}{x}$（$x>0$），

$f'(x)=0\Leftrightarrow ax^2-2ax+1=0$，

所以 $\begin{cases}\Delta=4a^2-4a>0,\\ x_1+x_2=2,\\ x_1x_2=\dfrac{1}{a}>\dfrac{1}{2},\end{cases}$ 所以 $1<a<2$。

（2）由 $ax^2-2ax+1=0$，解得 $x_1=\dfrac{a-\sqrt{a^2-a}}{a}$，$x_2=\dfrac{a+\sqrt{a^2-a}}{a}$，

$\because 1<a<2$，$\therefore x_1=1+\sqrt{1-\dfrac{1}{a}}<1+\dfrac{\sqrt{2}}{2}$。

而 $f(x)$ 在 $(x_2,\ +\infty)$ 上单调递增，$\therefore f(x)$ 在 $\left[1+\dfrac{\sqrt{2}}{2},\ 2\right]$ 上单调递增。

$\therefore$ 在 $\left[1+\dfrac{\sqrt{2}}{2},\ 2\right]$ 上，$f(x)_{\max}=f(2)=-2a+\ln2$。

$\therefore$ 存在 $x_0\in\left[1+\dfrac{\sqrt{2}}{2},\ 2\right]$，使不等式 $f(x_0)+\ln(a+1)>m(a^2-1)-(a+1)+2\ln2$ 恒成立。等价于，

不等式 $\ln(a+1)-ma^2-a+m-\ln2+1>0$ 对任意的 a（$1<a<2$）恒成立。

令 $g(a)=\ln(a+1)-ma^2-a+m-\ln2+1$，则 $g(1)=0$。

$g'(a)=\dfrac{1}{a+1}-2ma-1=\dfrac{-2ma^2-2ma-a}{a+1}$。

①当 $m \geqslant 0$ 时，$g'(a) = \dfrac{-2ma^2 - 2ma - a}{a+1} < 0$，$g(a)$ 在 $(1,2)$ 上递减。

$g(a) < g(1) = 0$，不合题意。

②当 $m < 0$ 时，$g'(a) = \dfrac{-2ma(a+1+\frac{1}{2m})}{a+1}$。

若 $1 < -(1+\dfrac{1}{2m})$，记 $t = \min(2, -1-\dfrac{1}{2m})$，则 $g(a)$ 在 $(1, t)$ 上递减。在此区间上有 $g(a) < g(1) = 0$，不合题意。

因此有 $\begin{cases} m < 0, \\ -1 - \dfrac{1}{2m} \leqslant 1, \end{cases}$ 解得 $m \leqslant -\dfrac{1}{4}$，

所以，实数 m 的取值范围为 $(-\infty, -\dfrac{1}{4}]$。

【解法 2】先整体设成函数 $g(x)$，再逆向探究设出函数 $h(x)$。

原不等式等价于 "$-2a + \ln 2 + \ln(a+1) > m(a^2-1) - (a+1) + 2\ln 2$ 对 $a \in (1,2)$ 恒成立"，从而 $-2a + \ln 2 + \ln(a+1) + (a+1) - 2\ln 2 > m(a^2-1)$，又 $a \in (1,2)$，则 $a^2 - 1 > 0$，

$\therefore m < \dfrac{\ln(a+1) - (a-1) - \ln 2}{a^2 - 1}$。

设 $g(a) = \dfrac{\ln(a+1) - (a-1) - \ln 2}{a^2 - 1}$，$a \in (1,2)$

下面求 $g(a)$ 的最小值：

设 $h(a) = \ln(a+1) - (a-1) - \ln 2 + \dfrac{1}{4}(a^2 - 1)$，$a \in (1,2)$

（事先逆推知道 $g(a) = \dfrac{\ln(a+1) - (a-1) - \ln 2}{a^2-1} > -\dfrac{1}{4}$ 成立，故设出此函数）。

则 $h'(a) = \dfrac{1}{a+1} - 1 + \dfrac{1}{2}a = \dfrac{a^2-a}{2(a+1)} > 0$，$\therefore h(a)$ 在 $(1,2)$ 上为增函数，$\therefore h(a) > h(1) = 0$，$\therefore \ln(a+1) - (a-1) - \ln 2 > -\dfrac{1}{4}(a^2-1)$，$\therefore g(a) = \dfrac{\ln(a+1) - (a-1) - \ln 2}{a^2-1} > -\dfrac{1}{4}$。

当 $a \to 1$ 时，$g(a) \to -\dfrac{1}{4}$（其中箭头表示"无限趋近"），

$\therefore m \leqslant -\dfrac{1}{4}$。

以上介绍六种常见的构造函数的方法，解题中要视具体情形灵活掌握，要以解题需要为标准来选择具体的构造方式来达到解题目的。

五、解析几何的两种重要运算细节

解析几何题时，经常是"思路对，就是算不出"，许多教师或学生把解析几何的这个难点轻描淡写地说成是"运算能力"差。其实不尽然，有的题即使"思路说得通"，但就是无法算出来，解决的方法有两个：一是换一种算法，或许计算就可以进行到底；二是换一种思路，或许就出现一片新风景——改换另一种解题途径与方法。解析几何也有模型思想，即记住题型和解法，如"线段关系问题""面积问题""圆锥曲线定义问题""弦长公式""利用韦达定理代入解题"等。

突破解析几何问题的难点，首先要具备"曲线与方程意识"，其次要熟练掌握"字母运用意识"和"目标意识"，具体分析如下：（1）引参（设出字母）是一种解题意识，消元（使字母个数减少）是一种解题意识；（2）由几何条件列出方程是一种解题意识，利用几何意义解题是一种解题意识。

例题 3—35　已知椭圆 C：$x^2 + 3y^2 = 3$，过点 D（1，0）且不过点 E（2，1）的直线与椭圆 C 交于 A，B 两点，直线 AE 与直线 $x = 3$ 交于点 M。

（1）求椭圆 C 的离心率；

（2）若 AB 垂直于 x 轴，求直线 BM 的斜率；

（3）试判断直线 BM 与直线 DE 的位置关系，并说明理由。

【分析】第（1）问，先将椭圆方程化为标准方程，得到 a，b，c 的值，进而求出离心率。第（2）问，由直线 AB 的特殊位置，设出 A，B 点坐标，再设出直线 AE 的方程，由直线 AE 与 $x = 3$ 相交于 M 点，就可求得 M 点坐标，利用点 B 和点 M 的坐标，求直线 BM 的斜率。第（3）问有一定难度。第一个难点是需要讨论，分直线 AB 的斜率存在和不存在两种情况进行讨论：第一种情况，直接分析即可得出结论；第二种情况，先设出直线 AB 和直线 AE 的方程，将椭圆方程与直线 AB 的方程联立，但无法具体求出点 A 和点 B 的坐标，就无法具体求出直线方程，也就无法求出点的坐标，这是第二个难点。突破这些难点的方法就是灵活地设出字母，然后进行字母运算，本题可以把 y_1，y_2 消去，得到 x_1+x_2 和 x_1x_2，进而证明 $k_{BM}=k_{DE}$，即可证明两直线 BM 与 DE 平行。

【解法】(1) 椭圆 C 的标准方程为 $\dfrac{x^2}{3}+y^2=1$。

故 $a=\sqrt{3}$，$b=1$，$c=\sqrt{2}$，

所以椭圆 C 的离心率 $e=\dfrac{c}{a}=\dfrac{\sqrt{6}}{3}$。

(2) 因为 AB 过点 D (1，0) 且垂直于 x 轴，所以可设 A (1，y_1)，B (1，$-y_1$)。

直线 AE 的方程为 $y-1=(1-y_1)(x-2)$，令 $x=3$，得 M (3，$2-y_1$)，所以直线 BM 的斜率 $k_{BM}=\dfrac{2-y_1+y_1}{3-1}=1$。

(3) 直线 BM 与直线 DE 平行。证明如下：

当直线 AB 的斜率不存在时，由 (2) 可知 $k_{BM}=1$，

又因为直线 DE 的斜率 $k_{DE}=\dfrac{1-0}{2-1}=1$，

所以 $BM\,/\!/\,DE$。

当直线 AB 的斜率存在时，设其方程为 $y=k(x-1)$ ($k\neq1$)。

设 A (x_1，y_1)，B (x_2，y_2)，则直线 AE 的方程为 $y-1=\dfrac{y_1-1}{x_1-2}(x-2)$。

令 $x=3$，得点 M (3，$\dfrac{y_1+x_1-3}{x_1-2}$)。

由 $\begin{cases} x^2+3y^2=3 \\ y=k(x-1)， \end{cases}$ 得 $(1+3k^2)x^2-6k^2x+3k^2-3=0$，

所以 $x_1+x_2=\dfrac{6k^2}{1+3k^2}$，$x_1x_2=\dfrac{3k^2-3}{1+3k^2}$。

直线 BM 的斜率 $k_{BM}=\dfrac{\dfrac{y_1+x_1-3}{x_1-2}-y_2}{3-x_2}$。

因为 $k_{BM}-1=\dfrac{k(x_1-1)+x_1-3-k(x_1-1)(x_1-2)-(3-x_2)(x_1-2)}{(3-x_2)(x_1-2)}$

$$= \frac{(k-1)\left[-x_1x_2+2\left(x_1+x_2\right)-3\right]}{\left(3-x_2\right)\left(x_1-2\right)}$$

$$= \frac{(k-1)\left[\dfrac{-3k^2+3}{1+3k^2}+\dfrac{12k^2}{1+3k^2}-3\right]}{\left(3-x_2\right)\left(x_1-2\right)}$$

$$=0,$$

所以 $k_{BM}=1=k_{DE}$，

所以 $BM//DE$。

综上可知，直线 BM 与直线 DE 平行。

在进行字母运算过程中，容易出现"方向跑偏"的现象而算不出结果，甚至运算根本无法进行下去的情形，这就要有稳定的心理和计算耐力，能灵活运用消参和整体代入等运算策略。为此，学生在平时就要多接触多个字母参与的运算题目，从而熟能生巧。

六、巧解离心率

（一）结合平面几何知识求离心率

例题 3—36　下图中的多边形均为正多边形。

（1）图 3-4（a）中 F_1，F_2 为椭圆的焦点，M，N 为所在边的中点，求该椭圆的离心率 e_1 的值；

（2）图 3-4（b）中 F_1，F_2 为双曲线的焦点，M，N，P，Q 分别为所在边的中点，求该双曲线的离心率 e_2 的值。

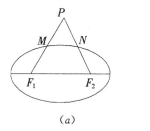

（a）

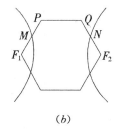

（b）

图 3-4

【解法】（1）$\because F_1N \perp PF_2$，$|F_1N|+|NF_2|=2a$，$F_1F_2=2c$，

$\therefore 2a=(\sqrt{3}+1)c$，

$\therefore e_1=\dfrac{2}{\sqrt{3}+1}=\sqrt{3}-1$。

(2) 连接 F_1N，F_2P，则 $F_1P \perp PF_2$，又 $F_1F_2 = 2c$，

$\therefore F_1N = \dfrac{\sqrt{13}c}{2}$，$NF_2 = \dfrac{c}{2}$，

$\therefore \dfrac{\sqrt{13}}{2}c - \dfrac{1}{2}c = 2a$，

$\therefore e_2 = \dfrac{4}{\sqrt{13}-1} = \dfrac{\sqrt{13}+1}{3}$。

【说明】平面几何知识应用于圆锥曲线问题，往往使解题简单化。

（二）利用圆锥曲线定义求离心率

例 3—37 如图 3-5，A，B，C 分别为椭圆 $\dfrac{x^2}{a^2} + \dfrac{y^2}{b^2} = 1$（$a > b > 0$）的

顶点与焦点，若 $\angle ABC = 90°$，则该椭圆的离心率为（　　）

A. $\dfrac{-1+\sqrt{5}}{2}$

B. $1 - \dfrac{\sqrt{2}}{2}$

C. $\sqrt{2} - 1$

D. $\dfrac{\sqrt{2}}{2}$

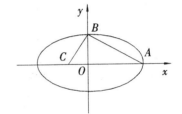

图 3-5

分析：本题给出椭圆的两个顶点及一个焦点三点之间的位置关系，解题时可利用椭圆离心率定义结合题中平面几何性质求出离心率。

解：设椭圆长轴长、短轴长、焦距分别为 $2a$，$2b$，$2c$，则 $|OA| = a$，$|OB| = b$，$|OC| = c$，由图可知 $|AB| = \sqrt{a^2+b^2}$，$|BC| = \sqrt{b^2+c^2}$，$|AC| = a+c$，

$\because \angle ABC = 90°$，由勾股定理得 $|AC|^2 = |AB|^2 + |BC|^2$，

$\therefore (a+c)^2 = (\sqrt{a^2+b^2})^2 + (\sqrt{b^2+c^2})^2$，整理得 $a^2 - c^2 - ac = 0$，

$\therefore e = \dfrac{c}{a} = \dfrac{-1+\sqrt{5}}{2}$，故选 A。

本题直接利用椭圆率心率 e 的定义式 $e = \dfrac{c}{a}$ 来解题，是一种常用方法。解题关键是利用题中条件构造方程。

第四章　高考备考的新策略

第一节　数学学业水平考试备考方法与反思

对于高中学生学业水平考试的迎考复习，教师要进行认真的备课和集体研究。现把笔者的一些备考复习方法以及教学反思写出来，和大家进行交流和研讨。

一、数学结业水平考试复习方法

（一）明确数学学业水平考试的重要性

教师认真学习研究高中学生学业水平考试纲要，弄清普通高中学生学业水平考试的成绩与以往的会考是不同的，明确"普通高中学生学业水平考试的成绩将与高考录取挂钩"的重要性，从而引起师生对高中学生学业水平考试的高度重视。高校招生考试改革方案中明确指出，普通高中学生学业水平考试纳入普通高校选拔录取体系，加强高中学生学业水平考试的组织和管理，提高命题质量，逐步把结业水平考试成绩按一定比例计入普通高校招生录取成绩总分，推进普通高校招生选拔录取模式改革。我们还要认真学习高中学生学业水平考试考试标准（数学），明确数学作为考试科目的考试范围、考试方式、考试目标、各章的考试知识点及知识点的落实方法。

（二）编写学业水平考试数学学科的复习资料

在明确此次考试的要求和目标的基础上，针对学生的实际学习情况，编写切合学生学习实际的考试复习资料，建议如下：分 5 单元 16 章，共 20 套复习题，每套题分三部分，即【基本知识点】【基础训练题】【达标测试题】，力争知识点强化，题型全面，能力训练到位。

（三）制订复习计划，合理分配复习时间

建议考前利用备考复习时间，复习的每节课都要先讲解知识点，再研究相应的习题。教师要在备课时归纳每章类型题及其解法，对考试要求的内容，每复习完一本教材或一个单元，都要进行一次过关测试，并对成绩进行分析，及时调整下阶段的复习讲课方式。

（四）复习课的授课方法

高中学生学业水平考试复习的总体要求是"回顾知识点，巩固知识基础""注重能力培养，提高解题技能"。在详细研究学生实际学习状况的基础上，立足于"上好每一节课，提高复习效果"，在集体备课时专门研究"如何上好复习课"的问题，明确复习课的特点和应对方法，总结如下。

1. 立足课本扎实基础

对课本知识要反复强化直到熟练为止，对课本题要有再认识和再思考的意识。如教材《必修5》"不等式"一章的第56页第3题，原本是用均值定理解决的，这具有知识点的应用价值，复习时就可再认识此题，挖掘它的另一方面价值，就是能力价值：一是考察几何背景，从而得到几何证明方法；二是拓广其结论，会发现它是三元问题的特例，进而得出这类问题的共性，得到通法通解；三是应用此题结论解实际问题，会发现它在指数和对数函数中有巧妙运用，在实际最值问题中也有广泛应用。这样的再认识过程，才是复习课应该起到的作用。

2. 解题方法达到熟练

复习课堂上的时间有限，要想使有限时间的复习效率最大化，归纳解题方法并使学生能熟练掌握是一个有效途径，强化数学解题的三要素。

（1）弄清题意，明确条件是什么、要证明或求解的目标是什么。具体方法：抓关键，词读懂题中每句话、每个数学符号的含义，考察其数学意义；发挥画图方法在数学中的作用，如在数学题涉及的图形上标出数学题的有关量，列表格并尽量把题中的量填入表格，集合题画文氏图，函数题画图象，立体几何题画侧面展开图、三视图，解析几何则画出曲线并表出特征量，等等。

（2）探究条件与结论之间的关系，读数学题的同时要想"解此题所用的数学模型——用哪单元知识能解决此题？"（波利亚的《数学解题方法》）。

（3）用正确的书写形式和准确的运算推理表达解题过程。

3．课堂上要强化答题的方法，使解题教学规范化

在复习过程中，熟练掌握数学答题的三个要素如下。

（1）解题的文字叙述要明确清楚。包括数学字母及数学变量的设置、坐标系的建立、几何中辅助线的添加、函数变量代换的方法、数学问题的化归与转化等等，都要在解题中按照规范格式书写。

（2）解题论证推理要严谨。做到推理步步有依据，题目的条件与结论关系的论证要符合逻辑推理的要求，数学定理、公式运用等是解题依据，要明确指出，并注意条件的讨论。

（3）数学结论要精准。解题过程要注意得分的关键点要突出。如一道数学题的最后一句结论性的话，应该是回答题目问题所求的或所问的；又如，分类讨论题，最后要把各个讨论的小结论进行总结；再如，解方程或不等式，要验根要讨论取舍，要进行集合的交集或并集等。

通过高中学生学业水平考试的复习，数学基础知识点进一步落实到位了，数学小专题式的研究，引领了能力的提升，是一次能力提升的集训，关注了数学思维方法，强化了数学思想的运用。通过复习和应试过程的实际磨炼，有利于知识与技能的系统化。

二、数学学业水平考试的反思

（一）进行及时的复习

虽然表面上占用了较多的课时，不利于追赶新课进度，尤其在课时很紧张的情况下停课复习，但这样做的优点是通过复习巩固了基本知识，扎实了解题技能。实际上由于学生经过一年半的时间了，有些知识忘却了，有必要进行及时的"知识回笼""温故知新"的复习反刍过程。这样做有利于后继的选修课和选讲课的学习。

（二）应该调整平时的教学方法和学习方法

高中学生结业水平考试的备考，要突出"能力立意"的指导思想，如果我们的平时教学还是老一套的做法，就不能适应新要求，考试成绩就会受到影响，要想取得好成绩就必须在平时的教学中贯彻并突出能力立意。

如何在课堂教学中突出数学能力的培养？

首先，关注学生的数学学习方法。对数学新课程的学习，不仅是知识的接受、记忆、模仿和练习，更重要的是自主探究、交流合作和动手实

践，在活动中以再创造的形式学习知识，体验数学发生发展的创造历程，在教学的各个环节设计出发展创造能力和创新意识的教学，培养学生积极情感，提高其数学学习的兴趣。

其次，真正理解数学教材。新教材课本中有许多创新之处，如设置了"思考""探究""阅读与探究"，以及某些数学结论命制的"填空"等栏目，教师要明白其编写的意图，知晓这些内容设置的意义。事实上，这些栏目，在一定程度上都是为了在学习知识的过程中，尽最大可能调动学生思考，以便培养学生能力，是"能力立意"理念的具体体现。在教学中，应该理解栏目的用意，并在课堂教学中设法发挥其作用。教材中还有一些内容，如计算机的实际操作、数学的一些实验，以及数学的实际应用等等，都是在学习和应用数学知识过程中提升能力水平的新举措。

最后，把强化数学思想方法的目标落实到教学的每一个细节。

如数学转化的方法、数学化归的思维方法、数学类比与抽象的方法，这些数学思想方法的运用，都是能力培养的重要途径。教学中就要少一些"灌输知识"的环节，多一些探究的过程，减少教条地"大量解题"，多一些自主学习的思考，那么在数学学习中，能力的培养就会是有效的，就能适应高考的检验，就能一定程度上满足社会对全面发展型人才的需要。

通过高中学生学业水平考试的检测，为进一步改进教学调整课程，深化课程设置，以及进一步探索新课程的教学方法，创造了机遇，也对学生的学法研究提供了良好的研究平台。

第二节　越是临近高考，越要注意强化"双基"

从近几年的高考试题可以看出，"考查基础知识的同时，注重考查能力"的命题原则是不变的，尤其近两年的高考数学试卷更加突出了对数学基础知识、基本技能、基本思想方法的考查，特别是注重了对数学本质的理解、数学的推理思维能力、数学运算能力、空间想象能力，以及分析和解决问题的核心素养的考查。在考前的冲刺阶段，考生应该在数学科的复习中注意以下几个问题。

一、反复通读教材，在"熟"字上下功夫

构建牢固的数学知识网，对数学知识点达到"非常熟悉"的程度，是

高考取得理想成绩的前提。冲刺阶段首先要在这方面下功夫。要做到在头脑中能清晰地记忆整个高中各个章节单元的知识脉络，这样就为迅速解题提供保障。近两年的高考数学题大部分是很基本的题目，但有的考生却在这些题目上丢分，一个主要原因是对数学基本知识不够熟悉，或似是而非，或一知半解，理解不透彻，使得在解题的应用中不灵活、不准确。考前通过反复阅读教材，理解和记忆公式定理等知识点，弄清它们能解决哪些问题及其适用条件。考生完全可以在短期内对所学数学知识达到熟练化的程度，作为考生，不要因为基础知识的欠缺而影响解题水平的发挥。

二、多做小题，使"知识点"在解题中巩固

有了扎实的基础知识才能保障基本技能的发挥，解题才能有思路。单纯的背诵是死记，其后果是记住的数学定义、定理、公式等知识点与解题相分离，考试成绩难以提高。考前阶段比较好的办法是：在做题中熟悉基本知识点，在做题中熟练基本方法。考前做题宜小不宜大，只有做小题才可以多做题，便于检查知识漏洞又便于明确在解题中使用了哪些知识点；考前做题宜简不宜难，做一些简单题，目的在于对知识点的熟练运用。事实上，每年的高考数学难题都是可以分解成几个小简单题的。另外，做一些简单题有助于对数学知识点的运用更加熟练，这样就可使自己心中有数，即使高考考场上遇到新题时，也能保持良好的答题状态。

数学大题的功能主要是培养知识综合运用的能力，冲刺阶段解综合题是必不可少的。考前解答大题应该重在体会基本解题思路，重在思维方法、解题方法的训练，考生应把注意力集中在如何发现题目的条件与结论间的关系上。总之，要在做小题时关注知识点，解大题时关注分析方法，不要盲目地一味做题，而要跳出题海，检查"双基"缺欠并及时弥补。

三、集中力量，突击"冷门"内容

对于平时不常用的知识或练习中较少涉及的一些冷门知识点，尤其是近期做题没有用到的知识点和公式，要在考前集中突破，必须使知识覆盖面完全达到考纲要求，不能有任何遗漏。如理科的正态分布、线性回归、统计方法与分析总体，三角形中的向量问题、简易逻辑与数学归纳法问题，文科的图形排列与组合问题、概率实际应用题、函数应用题、绝对值的实际应用问题等，要用一段时间专项复习。

四、解题方法，要总结更要试用

在考前的时间里，考生一定要自信：解题能力还可以再提高一步。因为前面的大量解题复习已经使解题能力加强了，考前需要做的是：整理归纳最基本的常用解题方法。针对数学选择题、填空题及六道解答题，要归纳出相应于各个题型的解题思路和分析方法，并应用这些方法有针对性地去尝试解一些题（可以解以前做过的题），总结—使用—再总结—再使用，直到运用自如。

读懂题是成功解题的前提，考前有必要集中强化"读题"的能力。（1）阅读中抓关键词，如看到"等于""是"等词语时要想到就是列方程的象征；（2）阅读中边读题边画图形、图表、图象，并把题中数据标在图形上；（3）阅读中明确题目的条件、所求都是什么，它们之间有什么关系；（4）读题要留心每一个字的意义，如"等轴双曲线"，有的学生可能就把"等轴"二字忽略了。对"读题"能力的集训，在考前一个月时间内是完全可以做好的。

五、每天做题，要一直持续到高考

在考前冲刺阶段要把最基本的解题方法重点把握，考前每天都要有目的地做题，不可间断。数学解题状态的保持会使数学思维能力、分析判断能力始终处于兴奋和灵敏状态。这样在考场上才会正常发挥甚至创新发挥数学水平；否则，若有几天不解数学题，就会有生疏感，这种"回生"现象在数学科反应突出，会直接影响数学成绩。解题应战状态的保持需要有明确的复习目的。越是临近高考，越要注意整理自己的知识点和解题的通性通法，并在解题过程中熟练化。

近几年来，高考数学题有80％是基本题，并且题型和考查内容基本固定不变，它们一般是选择题的前11题及填空题和前四个解答题的位置，而稍难的题目通常放在后两个题的第二问上，分数约占10分左右，因此要先把主要精力放在做好基本题上，确保准确无误地得分，然后再做好其他题目。考前冲刺阶段可以按照这种方法做几套模拟题，自我感觉高考状态并总结经验，为高考做好充分准备。

第三节　看清高考数学命题趋势，提高备考复习效率

一、高考数学试题特点

高考数学试题题目不偏不怪且有创新，难度适中，基本遵循了教材及教学大纲和《考试说明》的各项规定。既注重考查了中学数学的基本知识、基本方法和基本技能，又重视考查了数学分析问题和处理问题的能力。对于平时学习中善于思考、基础知识扎实、基本技能过硬的学生十分有利。这也是近几年高考数学命题的基本态势。现评析高考数学试题的特点、分析命题趋势如下。

1. 从考查的知识内容看，高考数学试卷突出了数学知识的基础性和综合性，着重考查了数学的主干知识，如解答题的大题分别考查了三角函数、立体几何、数列、概率统计、解析几何、向量、函数与导数。在整套试卷中，重点知识所占分数基本与教材大纲规定课时数的比例相同，并且向量、概率、导数等新教材所增加的内容均着重考查到位。高考数学考查内容及分值比例没有大的变化，保持了一定的稳定性。在三角与向量、分段函数与导数、实际应用题、具有数学背景或实际背景的创新题等方面将会稍微加大一些考查力度。

2. 从对能力的考查看，注重了"知识立意"与"能力立意"并重的命题原则，即在考查重点知识的同时，又重视对考生思维能力、运算能力、空间想象能力和实践应用能力的考查，如文理科题，对函数、导数、含参数问题进行了全面重点的考查。解题中涉及了推理、判断、运算、想象等综合能力，如向量、解析几何、函数最值与不等式等多个知识点的综合题，体现了近年来一直保持的在知识交汇点处创新出题的命题特点。

3. 从解题技能上看，试题的解题方法思路常规自然，思想方法基本都是平时教学中常用的通性通法，并且大题解答往往有多种可行的解法。同时有些题目也考查了考生的解题机智和创新思维。因此要在掌握一定的解题技巧基础上，把重点放在熟练掌握和运用通性通法上。

4. 从试题难度设置与考生心理承受能力来看，考题基本上是由浅入深阶梯递进，每个大题解题起点低、易于入手、各问逐次增加难度。但有的题目难度排列顺序也有倒置现象。这可视为是对考生心理承受力和信心、耐力以及解题经验和应试机智的考验。考题的解答题与前几年一样，基本上是一题多问，多题把关，今后仍将是这种形势。

5. 近年来，高考题具有较好的基础性和选拔性，整套试卷中的创新题、实际应用题的数量基本稳定，考查学生的思维灵活性、发散性等思维品质方面能力，题目形式兼顾文字，数学符号，表格，图象及问题素材，数学文化的生动性、多样性、和谐性。

二、高考数学怎样复习才能考出好成绩？

结合近年高考命题思路和试题特点，笔者认为要提高当前高三备考复习的效率，应注意"抓重点""精做题""重技能""勤总结"这四个方面。

(一) 抓重点

抓重点，即直击高考。包括掌握重点知识及同时形成的高考应试的重要能力两方面。首先要通过把近几年高考题列表分析，找出各章节知识在试题中出现的规律，从而明确历年高考的常考内容和必考内容，如函数性质、向量、三角、集合与逻辑、概率、数列、导数、立体几何等内容是必考内容，直线与圆、圆锥曲线、充要条件、解三角形、排列组合、二项式定理等是常考内容。然后要做到重点内容重点复习，达到熟练程度。

(二) 精做题

备考复习要科学理性，不要搞疲劳战术，有的考生通常是以大量盲目做题来代替有目的和有针对性地研究问题，用"题海"淹没了对科学思维能力的锻炼，也磨灭了聪明的才智，使复习陷入恶性低效的循环之中。

正确的做法是：有目的地做题，控制做题的"量"，复习每单元时，要有选择地做题，既要在题海中浸泡（了解各种题型），又要能跳出题海（总结规律开阔视野）；认真细做每一道题，提高做题的"质"，把解题变成是对知识掌握及综合运用程度的一种检验，把解题过程变成是对思维能力的一种锻炼。从而提高解题的目的性和高考应试的实用性。平时要养成认真审题、仔细运算的习惯，养成考试后和解题后认真反思与总结的习惯，以及解题中快速反应的速度意识的习惯，做到解题中的保"质"保"量"。

（三）重技能

在复习中要勤于思考，多问几个为什么。思维能力的提高在于养成独立思考的习惯。既要吃透重要概念和定理公式，弄清知识间内在联系，更要掌握常用的思考分析方法和逻辑推理方法，从而提高分析问题和处理加工解题信息的能力。

（四）勤总结

经常总结各章节知识，在头脑中形成知识条块和网络，经常性的知识梳理就会在解题使用时运用自如。还要善于总结应试技巧，如选择题常用解法有特值特位排除法、数形结合法、逻辑分析法、反例法、列举法等。解答题首先学会读题和审题，包括画图、列表、关键词、挖隐含条件等等，要结合解题经常总结；其次，还要注意书面表达的规范性，否则易出现会的题被扣分。

总之，在有限的备考复习时间内，要踏踏实实地扎实双基，细致到位，在学习知识和解题中，提高思维素质形成能力，把平时的各次考试视为高考考场认真模拟，锻炼自己的心理素质和答卷经验，练就考试时的"稳""准""快"，从而能够在高考考场上充分发挥自己应有的水平，考出好成绩。

第四节　数学高考命题的新变化与复习策略的研究

一、近年的高考试题综述

新课程高考的考纲与近几年的高考试题，给我们带来了全新的感觉，突出能力立意又注意基础知识的考查，试题命题思路切合新课程改革理念，且每年都有所创新。这就要求我们不断调整高三复习的思路，同时高考题的许多新变化更启示着要改变教学理念。研究高考题，应从高考题解法入手，总结出高考题的通性通法是一条高效的备考方法。

高考基本题型的解法的本质规律，在于切实抓好数学解题的通性通法研究和特殊解题技巧研究。通性包括三方面：一是学生在思考解决问题时，应该具备的常用的数学"功夫"，如运算功夫、阅读与理解、基础知识运用意识等等，还有"字母意识与应用""列出方程"等数学解题常用的本领。二是意识形态层面的表现。即数学核心能力，如"想的方法"。什么是数学思想？可提供如何思考、如何探索解题途径，可提供解题的思路如转化与划归等解题的基本想法。三是数学试题本身客观存在的一般规律。通法针对某类题型的具体解题方法，如配方法、数学归纳法等。

二、高考命题的十个新变化

新课程高考卷，学生的答卷感觉：学的知识用不上；平时做题招法不好使。高考题呈现出的许多新变化启示着我们要深刻反思我们的教学，研究好如何调整高三复习思路成为重中之重。纵观近几年的高考数学试题，在保持相对稳定、强调能力立意、体现新课程特色的基础上，又呈现一些新的特点，具体体现在下面的十个新变化。

变化一：中档题居多

命题的难度分布由一两个题把关，变成多题把关，非常容易得分的题逐年减少，比如，三角求值与三角式的化简题，求函数的定义域、值域等，这样的直接套用数学公式和概念的题很少出现，而小综合的中档难度题大量出现，但难度不大，主要考查基本知识的掌握程度，考查对常见解题方法的熟练运用能力，以及数学运算的快速性和准确性等。此外，新题型年年都有，题目形式年年都有所创新。因此，高考在某种程度上说，也是在考学生心理因素的，我们每位教师都应该是义务的心理辅导教师。

变化二：对运算的要求在变化

单纯的数字运算题少了，而字母运算的题在增多，"用数据说话"的题在增多，具体分析如下。

（1）有的题需要计算，但目的是通过运算来判断和推理。解题中要边算边调整解题途径。

（2）即使是考运算的题，但在运算中一定要有思考、有判断、结合数学概念来运算等。强调运算中要有对如何算的设计问题，否则，一味地埋头运算就会使运算起来很麻烦而浪费时间，使得考生后面大题无时间做，也就相当于丢分了。

新课程高考客观上对运算提出了新要求：一是精准；二是有思考量。这实际上是提高了对考生的运算能力方面的要求。

变化三：考查内容全面，覆盖率高

数学知识点不能用"重要的"和"不重要"的来区分，那是押题式备考的说法，现在新课程高考只要写在教材内的，包括教材每一节正文后的【阅读与理解】【阅读与探究】中的内容，也都在高考考试的范围内。高考不按知识点来分类，而是按能力考查需要来划分。例如，正态分布知识点，每年都考，但考的是运用正态分布的能力，并且这种能力年年有不同。同一个知识点能这样考又能那样考，即使押对了知识点也没有用，重要的是理解知识点的本质。再如函数小题，年年都考，考学生对函数图象及解析式间关系的分析能力，但题型和设置问题的形式每年都在变化。

变化四："真理解，灵活用"成为高考主旋律

高考成绩理想的是那些"踏踏实实地学懂学透"的学生。新课程理念下的高考要求考生对数学概念的掌握要达到对概念的本质的真正理解。知识的应用意识是第一位的。灵活性是指运用知识过程中表现出的灵活，实质是考学生运用知识解决问题中的智慧，即迅速准确有效的解题能力。

变化五：小知识点、新增知识点的考查年年有创新

新增知识点是年年必考的，要下大力气准备好，这是配合新课程理念的最敏感处和最能体现新颖的地方，考题要么巧妙地综合一系列知识点，要么考查定义本身的独特思想和方法，统计和概率中每个知识点的实际意义要弄清楚。另外，基本题型解法要研究，如选择题的解题方法，可以介绍给学生，让他们练好直接观察、假想法、类比归纳、统计抽样法、画图法等等。

变化六：对阅读能力要求加强了

学会"理解题意"成为高考复习的一个主要问题。目前，有的学生的阅读能力和理解题意能力是薄弱的，这就要求教师要给出具体措施，加强这方面能力的培养，比如阅读中抓关键词语、注意标点符号、边读题边画出示意图、边读题边把题意分出几条几款等技法；还可以把题中条件进行推理或将条件变形化简后再使用，等等。

变化七：应用题越来越走向真实

现在的高考试题中应用题的实际背景比较贴合实际，表现得"很真实"。这样的命题趋势，越来越有利于那些真正"从实际问题出发"来考虑问题的考生，因为应用题已经不是单纯从数学角度出发那样单纯地考了。有的学生具体问题具体分析的意识和能力薄弱就丢分比较多，如各个

统计量的实际意义，每个量和技术指标说明了什么具体含义，残差是刻画什么的，等等，都要熟练掌握数学理论知识与实际结合的应用能力，数学建模能力要及时跟进。

变化八：立体几何注重空间想象力

立体几何强化结构特征，在立体几何考题中，空间想象力的考查比较集中，要求考生要有"计算与证明的完美结合"的习惯。既要有"直观感知""操作确认"的感知力，又要有"度量计算""推理论证"的精准运算力。一般几何大题两问就是对应着两个方面要求设置问题的，还要有转化为平面几何的转化能力，主要体现在立体几何的选择题和填空题的小题上。

变化九：解析几何考基本思想和方法

有很多考生在解析几何这个题上得分低，这主要是因为过多地注意了解析几何中几个曲线本身的性质及应用，而忽视对解析几何基本思想的理解，对解析几何的基本技能和方法没掌握好。比如，盲目计算，不能适当设出字母，适时列出等式，也不擅长处理多个字母算式的运算和变形等。解析几何高考今后总趋势：方程法求轨迹，求与平面几何密切相关的平几问题的运用，研究曲线本身具备的几何特征，以及曲线之间几何关系研究等问题。

变化十：加大考查数学思想

在数学解题中，常用的数形结合、分类讨论、函数与方程、等价转换等方法常考常新。数学逻辑方法中的分析法、综合法、演绎法、反证法等在分析问题和解决问题时常有体现。近年来高考命题重视数学思想方法的考查，淡化特殊技巧，注重通性通法。试卷凸显对数形结合和分类讨论思想的考查要求．新课程高考试题的解答，不仅是知识的应用，更是思维方法的考查，教材中介绍的如类比推理法、归纳法、转化与化归等方法，是必考的思考问题和解决问题的方法。数学方法——配方法、消元法、换元法、待定系数法、求函数最值的方法、求动点轨迹方程的方法、求数列的通项公式及前 n 项和的方法等，近年来，又重点考查了一些数学研究中常用的朴素的方法，如"列举推理法"，递推法解数列题，再如"分类讨论法"。值得注意的是，分类讨论不再是以前那么简单，而是变成了更为灵活的"局部讨论""转化后再讨论""推理中的讨论"等新形式，这种讨论的方法正走向灵活，具体运用时需要按解题需要来灵活进行。将"实际问题"抽象为数学问题、"用数学语言"正确地表述、"用相关章节知识进行转化"等解数学题的通性通法，提高解题操作性，学生有法可依，解题就有信心。

　　上面列举的十种高考命题新变化，归纳起来看，数学高考题的一般特征是：灵活新颖、不难不偏。面对高考题，那些基础不扎实、技能运用不灵活的学生没有用武之地；那些基础扎实、数学基本技能运用灵活、思考问题机智的学生，则可大显身手。因此，考查创新思维的命题理念，已经落实到高考试卷中了。

　　追根溯源，答好高考题，我们教师的教学就要从死板的教条的记忆题型套用解法的习题课教学中走出来，把灵活分析在例题讲解中倡导起来。

三、如何上好高三的课

　　高三的目标主要是在如何提升学生的现有成绩基础上培养学生的数学素养和科学精神，主要表现在考试时数学解题能力的提升上，具体以下谈六个方面。

（一）教师要掌握考试说明

　　避免"复习方向"上的指导偏差。如过去常考但现在淡化了的题型，不必再花费过多时间。严格依据吉林省下发的《考试说明》中所明确的考试要求进行复习备考。

（二）高三的课要讲到位

　　（1）讲思想。如配方法、待定系数法、换元法、数形结合法、分类讨论法、数学模型法等能提高解决数学问题的能力。具体做法：将有关知识进行必要的加工重组，总结出某个知识点会在哪一系列题目中出现。

　　（2）讲解题策略。展示教师思维的全过程，培养学生分析探究的解题能力。在读题、审题、解题上下功夫。充分挖掘题目的隐含条件、领会题意、明确目标、寻找解题方向和有效解题步骤；重视解题后的反思，总结规律，迅速提高解题能力，讲为何这样想，这样解，解同一个问题可以有多条途径；解题教学重分析，注重通性通法，兼顾特殊技巧。

　　（3）讲应试技巧。提高解题速度，掌握一些特殊方法与技巧。具体做法：加强专项训练，如选择题、填空题的解题技巧；解答题的规范书写能力，要求是解题过程层次分明、结构完整、答案准确。

（三）高三教师要精选习题

　　下大力气选题是非常重要的。解答入手容易的题，知识障碍少、训练目标专一的题；一个题重点练一个方面，能力很见成效；精选习题应做到"精"。

(四) 高三教师要加强研究

学生疑难点要掌握：如何强调？时间多些，用分析多些。

高考重点要明确：如解析几何的转变。

知识点要研究：如数列的延伸，列举递推等。

(五) 高三要上好基础课

抓基本打好基础是复习的好思路。低起点，中档题，能力分步培养是去年我们的做法；做题多少的辩证关系是多练弥补精讲的不足。高三复习应该注意如何避免低效地跟着题篇资料走的盲目复习教学。

(六) 高三教师要注意学法指导

注意了如何教，忽略了学生的学，高三复习的效果也不能如意，需要指出的是，高三学生在复习备考中，要克服三种复习方法的偏差。

(1) 难题过多，舍本逐末，造成基础知识和基本技能不熟练；

(2) 起点过高，使学生逐渐失去信心；

(3) 学生无时间消化，疲于应付，照抄照搬老师讲解，做题时不能深入思考和理解题意等，造成会做的题会做，不会的仍然不会的原地踏步的局面。

提高课堂教学中教师主导的功能。优化课堂效率，提高教学质量的关键在于正确地认识教师的主导作用，有效发挥教师的主导作用，调动学生学习的主动性和积极性。充分发挥教师的主导作用，要注意调动学生学习的主动性，在教学各个环节的细微之处，注重每位学生的发展。如何把能力培养落到教学实处？笔者讲的这些课堂教学改革的这些新方向，其核心就是能力培养问题，培养能力就要有具体措施，就要有可行的途径、有效的方法。

第五节　由高考试题看课堂教学
改革的十个新方向

对新课程高考试题的研究，可以悟出一些针对新教材的高考命题新规律和新命题理念，研究和把握这些规律，有利于深刻理解新课程教材内涵，也有利于指导高考复习，让高三的教学做到"思路对、选题准、训练精、效率高、成绩好"，还有利于指导高一高二的课堂教学，及时改变和调整我们在教学中的一些陈旧观念和做法，更有利于使目前正在倡导的高效课堂理念真正落实到每一节课中。

一、提高课堂教学中思维分析的层次

数学是思维的体操，思维教学是高中数学课堂教学的灵魂。我们的数学教学，不仅要传授数学知识，使学生具备数学基础知识的素养，更重要的是通过数学知识的传授，培养学生的数学思维能力，发展学生的智力，这是数学教学中一个非常重要的方面。

二、提高课堂教学中教育目标的完整性

新一轮的基础教育课程改革确定了核心素养的具体教学目标，在知识与技能、过程与方法、情感态度与价值观等方面有了进一步具体要求。笔者认为，焕发出生命活力的课堂才是理想的课堂。这样的课堂，也就是新课程所追求的数学课堂。新课程理念下的课堂教学更关注教与学的过程，强化体验。体验是教学过程的显著特征，是达成"三维"教学目标整合的介质。如果没有过程的体验，知识与能力将停留于记忆性层面，学生很难有对方法的感知，更难有对情感态度与价值观的领悟，这样的结果则是教育的失败。反思我们目前的教学，有的教师的教案上教学目标成为摆设，甚至没有教学目标，有教学目标的，目标也不完整。发挥教育目标的完整性成为当务之急。

三、加强课堂教学中能力培养的措施

将学生数学能力的培养贯穿整个数学课堂教学过程中，要不失时机地让学生进行类比、推广、探究、质疑，发展学生的一般能力，为其终身学习打下扎实的基础。能力培养要有具体的招法，要具体分析自己所教的学生，采用有效的方法，加强有效教学。实事求是地教学，就是最有效的教学。

四、加强课堂教学中学习习惯的养成

高中生数学学习应当培养的优良习惯有很多，如课前预习的习惯，"听（讲），记（笔记），想（过程）"相结合的习惯，反思的习惯，切磋交

流、及时复习、归纳总结的习惯等。良好的学习习惯的养成，是学生会学的体现。同时，良好的学习习惯一旦形成，它不仅能提高学习数学的效率，更能使学生获得终身学习的能力，促进学生的可持续发展。

五、加强课堂教学中心理素质的训练

在教学过程中，教师要有意识有目的地启发、组织学生对自己的学习状况进行自我评价。既重视课堂教学过程中的反馈，让学生及时认识自己对知识、技能掌握的程度，又要引导学生对以后复习、作业等的检查评价；既要重视考试检测后对知识、能力缺陷的评价，又要引导学生对自己学习过程学习方法的总结；既让学生体验到学习成功的满足，让其学得快活，又要十分重视学生学习失误后教训的总结和心理的调整、学习策略的改进。学生心理特征出现新状况，分析和运用其中规律是值得研究的课题。每一位教师都应该是学生心理的义务辅导员。

六、加强课堂教学中个性成长的指导

在数学教学中，充分尊重学生的个性发展，并切实使素质教育落到实处，使每一个学生的数学素质不断完善和提高。根据学生的个性特点，施以恰当的教学方法。我们教师要对自己所教的每一个学生的性格、气质、意志、兴趣等加以了解，然后再根据其个性特点，施以恰当的教育方法。要求让学生得到发展的个性培养意识，在教学中，我们可以有针对地为个性发展学生设计培养目标和方案。

七、加强课堂教学中科研方法的培养

对学生而言，每次的学习仅是一种经历，只有通过不断地反思，把经历提升为经验，学习才具备了真正的价值和意义。从这个意义上说，学生也有科研的眼光，学生也要有科研方法，要充分相信学生会有科研能力和成果的。因此，我们教师就要帮助学生养成学习反思的习惯，培养学生的反思意识及科研方法，这对学生的发展将有着不可估量的作用。我们每位教师都应充分利用课堂教学这一阵地，致力于学生反思意识和科研方法的培养。

八、加强课堂教学中理性推理的习惯

在高中数学新课程改革的背景下，推理能力是学生解决数学实际问题的关键。我们要把培养数学推理能力落到实处，应当从基础知识、逆向思维和直观思维三方面着手培养学生的推理能力。如用数据说话，推理要有依据，言必有据的习惯，用数学概念定理等来判断的理性思维习惯。

九、提高课堂教学中教育技术的应用

现代教育技术的广泛应用使教师角色从单纯地讲授知识转变为设计教材，组织调控教学；学生从单纯地接受知识转变为自我学习，自我发现。它有利于学生掌握知识和拓宽知识面，有利于因材施教，发展学生的个性特长。它在课堂教学改革和提高课堂教学质量方面发挥了重要的作用。现代教育技术的应用，已成为新世纪教师的基本功，如多媒体整合，教学方式多样性和灵活性。

十、提高课堂教学中教师主导的功能

优化课堂效率，提高教学质量的关键在于正确地认识教师的主导作用，有效发挥教师的主导作用，调动学生学习的主动性和积极性。充分发挥教师的主导作用，要注意调动学生学习的主动性，注意把握"导"的时机，掌握"导"的方法，才能达到优化数学教学的目的。其实，教师对学生的引导可以贯穿在教学的各个环节，引导要在细微之处，注重每位学生的发展，真正做学生学习的引导者、组织者和合作者。新课程理念丝毫不消弱教师的主导作用，而是要充分发挥主导作用，在组织教学指导学生学习等方面要加强。

如何把核心素养发展落到教学实处？笔者讲的这些课堂教学改革的这些新方向，其关键就是能力培养与学科核心素养问题，培养能力要有具体措施，要有可行的途径、有效的方法，在教学中要不断探索。

第六节 高考前多做小题

从近几年的高考试题可以看出，"考查基础知识的同时，注重考查能力"的命题原则是不变的，尤其近两年的高考数学试卷更加突出了对数学基础知识、基本技能、基本思想方法的考查。在考前冲刺阶段，考生应该

在数学科的复习中注意以下几个问题。

一、熟读教材，在"熟"字上下功夫

构建牢固的数学知识网，对数学知识点达到"非常熟悉"的程度，是高考取得理想成绩的前提。在冲刺阶段，首先要在这方面下功夫，做到在头脑中能清晰地记忆整个高中各个章节单元的知识脉络，为迅速解题提供保障。

近两年的高考数学题大部分是基本的题目，有的考生在这些题目上丢分，一个主要原因是对数学基本知识不够熟悉，或似是而非，或一知半解，理解不透彻，使得在解题的应用中不灵活、不准确。考前考生应通过反复阅读教材，理解和记忆公式定理等知识点，弄清它们能解决哪些问题及其适用条件。

二、多做小题，巩固"知识点"

扎实的基础知识才能保障基本技能发挥，解题才能有思路。在考前阶段，比较好的办法是：在做题中熟悉基本知识点，熟练基本方法。考前做题宜小不宜大，只有做小题才可以多做题，便于检查知识漏洞又便于明确在解题中使用了哪些知识点；考前做题宜简不宜难，做一些简单题，目的在于对知识点的熟练运用。

事实上，每年的高考数学难题都是可以分解成几个小简单题的。数学大题的功能主要是培养知识综合运用的能力，冲刺阶段解综合题也必不可少。

三、集中突破，突击"冷门"内容

对于平时不常用的知识点或不常做习题题型，尤其是平时做题较少涉及的冷门知识点、做题没有用到的公式等，一定要在考前集中复习和突破，必须使知识覆盖面完全达到《考纲》要求，不能有任何遗漏。如理科的正态分布、线性回归、统计方法与样本分析总体，以及三角形中的向量问题、简易逻辑、数学归纳法等问题，文科的概率实际应用题、函数应用题、绝对值的实际应用问题等，要用一定的时间段进行专项突破复习。

四、解题方法要总结

在考前复习的过程中，经过大量解题训练，已经使解题能力加强了，但还需要做的是：整理归纳最基本的常用解题方法，并应用这些方法有针对性地去尝试解一些题。

另外，考前有必要集中强化"读题"的能力。（1）阅读中抓关键词，如看到"等于""是"等词语时，要想到就是列方程的象征；（2）阅读中边读题边画图形、图表、图象，并把题中数据标在图形上；（3）阅读中明确题目的条件、所求都是什么，它们之间有什么关系；（4）读题时要留心每一个字的意义，如"等轴双曲线"，有的学生可能就把"等轴"二字忽略了。

五、每天做小题，一直持续到高考

考前阶段，要把最基本的解题方法重点把握，考前每天都要有目的做题，不可间断。否则，若有几天不解数学题，就会有生疏感，这种"回生"现象，在数学学科反应突出，常常会直接影响高考考场的发挥，影响高考数学成绩。

在每年的高考数学试题中，有许多题是基本题中档题，并且题型和考查内容基本固定不变，它们一般是选择题的前几道题及填空题前几道题，解答题的前三个题都是重点得分的题目，稍难的题目通常放在后两个题上，其分数占的比重不大。因此要先把主要精力放在做好基本题、中档题上，确保这些题准确无误地得分，然后再考虑做好其他较难的题目。考前冲刺阶段，可以按照这种方法有效复习。

第七节　找准方向和技巧，不当"非专业考生"

冲刺就如同"百米赛跑"，首先意味着"力量"，要使足劲；其次是"有速度"。但还有两点更重要，即方向和技巧。如果方向错了，难以到达目的地；只是"使蛮力"，不讲究技法，难以获胜。而出现这两种问题的是"非专业考生"，难以取得理想的考试成绩。高考冲刺阶段的"方向"和"技巧"是什么呢？如何提高冲刺阶段的复习效率？如何尽快提高数学解题能力，使高考数学多得分、得高分呢？

一、高考数学试题呈现五大特点

第一，试题考查了数学学习的基本功。数学试题呈现出阅读量大、运算量大、思考量大、综合性强的特点，学生在学习过程中养成的锲而不舍的钻研精神和品质，以及数学学习心理素质等是高考获胜必备的基本功。

第二，对数学核心能力的考查越来越到位。比如说，试题的一个亮点是考查学生思维能力，这些从三角公式的变形等问题上得以体现；统计走向更实际、实用的价值。

第三，突出了对数学概念的本质的考查。如"积分＋几何概型"的题型等。

第四，试卷体现数学知识基础性的重要作用。比如说，平面几何基础知识很重要，在整个试卷中成为必备的数学基础，许多题需用到有平面几何的知识。

第五，重视各知识块之间的交汇和整合。在知识交汇点处设计试题，特别是新增内容与原有内容的整合是高考命题的一大亮点。

二、对冲刺阶段复习的五个建议

1. 要注重回归课本、扎实基础、全面复习。首先，系统地对数学知识进行整理归纳，形成知识链、知识网；其次，从知识的联系和整体上把握基础知识，沟通知识间的内在联系；最后，狠抓基础，精选习题有效训练，努力提高能力。有的考生分数徘徊不前，甚至下降，原因之一就是丢开课本盲目做题，从而造成有的知识点没有落实到位。要注意，"知道就得分"。知识点是书上明确了的东西，只要肯用功就能做到"知道"，所以知识点的疏漏，纯粹是考生不认真看书造成的。

2. 提高复习的有效性，要联系近年来的高考新题目进行复习。学生目前复习存在的问题是，基础知识落实不够；注意了知识的再现，而归纳与整理不足；动手能力不够。实际上高考数学试卷中有 80％ 的低、中档题是根据基础知识命制的，只要基础扎实，基本技能熟练，做好这些题不是很难；反之，若对一些基本概念、定理都含混不清，不但基础题会失分，难题也不可能做得好，"得基础者得天下"是有道理的。

3. 理解是关键。知识点落实到位就是在理解的基础上，重在"熟"和"清"。新课程高考十分注重对数学基本概念本质的理解和考查，强调数学知识的应用能力的考查。在复习中，应把掌握数学概念、数学公式放在首位，弄清原理、公式的来龙去脉及应用，加强对数学道理的理解，扎实基础知识，经常把各单元知识点温习一遍，加深印象理解每个知识点才能得分、得高分，这是高考数学复习的重要任务。

4. 抓住重点。要抓两个重点，一个是针对自己数学学习的薄弱环节，确定复习重点；另一个，要把高考重点列为冲刺阶段重点。自己的薄弱环节主要是两个方面，对于经常丢分的题、做不上的题，要专门突破；对经常模糊的单元，下功夫突击。抓高考重点就是：跟住老师、珍惜课堂；自己也要研究高考，心中有高考。把握高考方向就要思考"高考数学会考什么""考到什么难度"，要了解这些问题，最好的方法就是：一看《考试说明》，它是高考命题依据，也是学生复习的依据；二做高考考题且研究规律，认真做近年新课程高考试题的研究。

5. 阅读课本。按单元梳理，按章节分片记忆，将各个知识点串联起来，形成清晰的知识链，再通过知识间联系形成知识网。如，函数与导数、命题与简易逻辑、三角、数列、统计与概率、立体几何、解析几何各部分内容都形成单元体系，如此操作有助于理解和记忆。

三、有效提分的三个小窍门

1. 注重总结。数学学习好的人，都是善于总结的人。总结是成绩快速提高的一个秘诀。经常总结解题经验，解题能力就提高了，学生们要做的是：就教师讲的解题技巧、思路等重要内容，建立解题方法与思维规律集；自己每套题要建立易错、易混、易忘、易漏问题集；各种类型题的基本解法必须记住甚至是背诵下来，见题就知道几个基本解法，在此基础上才有灵活和创新；总结解题方法是必须要做的，但不要死记硬背。解一道题后的反思也是总结，可以对照下面几点逐条考查自己是否总结到位：是否很好地理解了题意；是否弄清了题设和结论之间的内在联系；自己所用的解题方法是否合理简捷、有没有更好的解法；解题过程是否正确无误，表述是否符合逻辑，是否全面；解题所用的方法是否有广泛的应用价值；与过去做过的题目之间是否有联系等。这样，可以达到举一反三，触类旁通之效。

2. 高效率地做题，避免盲目做题。复习阶段，有的考生分数提高不多，原因之一就是盲目做题，缺乏科学做题的方法指导，一味地跟着题篇走。从高考的趋势看，高考试题总是给解题能力强的学生留下充分施展才能的空间。解题能力主要是：理性思维能力、分析能力、随机应变的能力。那么，冲刺阶段如何提高这几种能力呢？

（1）精做题。把平时考试经常丢分或不会的题分类突破，找出规律来，集中力量打"歼灭战"。深入研磨一定量的类型题，仔细得出解题规律。目的是集中力量训练出把知识用于解题的分析能力。

（2）限时地做套题。每天必须坚持做一定数量的高考模拟套题。其目的大致有三方面：一是知识的融会贯通，把学过的各单元知识点之间联系起来，提高解答高考题的适应能力，有利于提前进入考试状态；二是通过限时训练提高单位时间解题速度和考试答题的快速反应能力；三是集中这段时间专门训练考生的数学分析能力、应变能力。这样，通过做模拟套题，开阔视野，练习灵活运用知识的技能。

（3）在做题的同时，注意弥补遗漏和总结。冲刺阶段考生容易出现的偏差是，迷失复习方向，整天在数学的题海中浸泡甚至搞疲劳战术，片面认为多做题、多记忆一些题就可以押上题，从而提高分数，实际上事倍功半，效率不理想。为此，建议考生在做题的同时，一方面要注意查漏补缺，强化知识弥补遗漏，另一方面要注意总结解题方法，找出解题思维中的创造性智力活动规律，这是最关键的方面。

3．数学思想指导解题。数学思想包括数形结合思想、分类和整合思想、函数与方程思想（方程思想在计算型试题中有明显体现，是考查重点）、化归与转化思想、特殊与一般思想。数学思想方法有：分析法、综合法、归纳法、枚举法、反证法等等。一般方法有：配方法、换元法、待定系数法、判别式法；割补法、平移、对称等等。用数形结合思想作指导，例如一些几何问题可以用代数方法来处理，一些代数问题可以用几何图形帮助来解决。比如：（1）利用图形求方程根的个数；（2）利用图形求最值；（3）利用图形求参数的范围；（4）利用图形比较大小；（5）利用图形解不等式；（6）利用图形证不等式；（7）利用图形求值。

第八节　学会分析，高效复习

在高考前的冲刺阶段数学的复习中，考生容易出现偏差，整天在题海中浸泡甚至搞疲劳战术，实际上事倍功半。如何在最后阶段实现高效复习？数学高考试题主要是考查学生对基础知识的掌握与理解，考查对数学问题的分析与判断的解题能力，尤其近几年的高考数学试卷更加强了对数学基础知识、基本技能、基本思想方法的考查力度，数学试题呈现出阅读量大、运算量大、思考量大、综合性强等特点，临考前的"保温"很重要。

一、整理知识点，背诵公式

整理知识点和背诵数学公式定理是考前必须认真做好的一件事。认真阅读教材，对重要数学概念和公式要再次理解和记忆，记忆数学公式和定理时切忌机械教条地单纯背诵，要理解公式定理的前提条件是什么，使用中有哪些注意事项，并结合做过的练习题弄清它们都能解决哪些类型题等。做到在头脑中能清晰地记忆整个高中各个章节的知识脉络和常用数学公式，这样就为高考考试中能迅速解题提供知识保障。对于平时不常用的知识或练习中较少涉及的冷门知识点，尤其是近期做题没有用到或经常出错和比较陌生的知识点和公式，要在考前集中突破，不能有遗漏。如统计中的回归分析、各统计数据的实际意义、简单的逻辑用语与命题，正态分布（理科）等要专项复习，回归课本，把易混淆的概念公式弄清楚记熟练会应用。

二、多做些选择题和填空题

考前每天都要有目的的做题一直持续到高考，否则若有几天不解数学题就会有返生现象，建议考生考前要对解题感觉实行"保温"。选择题和填空题要多做一些，大题可以做一些简单题。目的在于对知识点的熟练运用，也便于检查知识漏洞。每年的高考数学难题都是可以看作是几个小简单题的综合。在做题时要注意总结常用解题方法，如函数小题，一般可以运用函数图象法、画函数图象示意图法、运用奇偶函数定义法、用导数判断函数单调性、函数概念直接运用、抽象函数问题的特殊值法等。再比如，选择题解法有直接推导法、间接检验选项法、特殊值法、特例法等，一般本着"小题尽量不大做"的原则。

在考前最后冲刺阶段，要把最基本的解题方法梳理总结。高考数学题大多是比较容易的基本题，并且题型和考查内容基本固定不变。因此，总结高三复习以来常用解题方法就可为解答高考题提供思路和方法。建议考生把做过的题再看一遍，常规的解题方法要掌握好，如求通项的方法、函数不等式证明中的多变量问题的解题方法等。

三、考前细看《考试说明》

考前做几套近几年的数学高考卷，可以提前感受高考题的魅力，适应高考题解答思路。考前不要过分追求今年高考数学会考什么，而要想一想应该考什么，还有什么没有复习透彻。要了解这些问题，最好的方法就是看《考试说明》，并做去年和以前两年的高考考题，目的：一是看看高考题与平时的模拟题有什么不同、高考题解答的思路有什么特别之处等等。这样可以刺激考前解题的思维保持一定的灵敏度也知道高考和平时解题一样，从而增加自信心。二是要研究高考热点问题和方向，比如，用导数来研究函数性质、概率与统计问题，如直方图、算法框图、茎叶图等结合的应用，三角函数的图象与变换及解三角形在数学平面几何中的运用等都是历年高考重点。

四、强化读题能力

解数学题先要把握题目的条件和要解决的问题是什么，要注意阅读数学题的技巧，需要注意以下几个要领：一是抓数学关键词的读题方法，如看到"等于""是"等词语时，要想到就是"列解方程"的信号等；二是阅读中把题中数据标在图形上的方法，即边读题边画图形和图象，或者边读题边列表格等；三是在读题时判断本题和哪个章节的单元知识有关系、如何来解决，做好数学知识预备。阅读中明确题目的条件、所求都是什么，它们之间有什么关系。总之，读题时要留心每一个字，历年都有一些考生因读题不认真而丢分。

五、答题规范减少丢分

在考前的几次模拟考试中，很多考生出现因答题不规范而出错丢分的现象，临近高考，考生可以看看高考标准答案的评分标准和解题步骤。建议考生在考前做题时要注意答题的规范性训练。一般说，应该把解答题的主要推理过程写出来，不必要的运算化简过程可以稍少一些写出来，数学大题的解答基本要求是边推理边计算。遇到一时没思路的题要冷静思考，要沉着迎战。此外，图形要画准确，答题时的字体大小适中，书写工整清楚。

第九节　高考冲刺阶段的三条建议

新课程数学高考的重点是对数学概念的本质理解及对数学知识的灵活应用能力的考查。考前冲刺阶段，如何提高数学复习的有效性，尽快提高数学解题能力使高考数学多得分呢？建议考生在三个方面下功夫。

一、回归课本是第一位的

数学新课程教材从必修到选修先后学习了十几册，有些知识零散地分布在几本书中，不利于学生在头脑中形成系统完整的知识体系，虽然第一轮复习进行了整合重组，但在进入第二轮综合复习阶段，在做高考模拟试卷的同时，仍然需要花大力气很扎基础知识，使数学的每一个知识点在头脑中都清晰准确。考生可以分单元地梳理，如函数与导数、命题推理与简易逻辑、立体几何、解析几何、数列等单元，学生在反复阅读课本的基础上掌握完整的数学知识网络，任何一个知识点的疏漏都可能带来不良的后果。

综合复习阶段，有的考生分数徘徊不前甚至下降，原因之一就是丢开课本盲目做题，从而造成有的知识点没有落实到位。新课程高考十分注重对数学基本概念本质的理解的考查，强调数学知识的应用能力的考查，因此，复习中应把掌握数学概念公式放在首位，弄清数学概念的原理、公式的来龙去脉及应用，加强对数学道理的理解。扎实基础知识，经常把各单元知识点温习一遍加深印象，回归课本把不清楚的地方搞明白，这是高考数学复习的主要任务。

二、总结解题方法是必须要做的

综合复习阶段，每天必须坚持做一定量的高考模拟题，其目的大致有三方面：一是知识的融会贯通，把学过的各单元知识点之间联系起来，提高解答高考题的适应能力，有利于提前进入考试状态；二是通过限时训练提高单位时间解题速度和考试答题的快速反应能力；三是集训数学分析能力，通过多做题、做各种各样的题，开阔视野，练习灵活运用知识的技能，提高分析问题解决问题的能力。

常用解题方法要熟记在心，如向量问题其解题方法有向量的几何运算和向量的坐标运算两种基本解题方法。又如，函数与方程、数形结合、分类讨论以及转化与化归等数学基本思想方法在解题中的运用等要注意总结。总结解题方法是必须要做的，但不要死记硬背，要在总结通法通解和有普遍意义的答题思路和技巧上下功夫，这样才会提高复习效率。

三、新增数学内容要重点复习

数学的主体内容如有关函数、概率、导数、立体几何、解析几何等在高考试卷中占有相当大的比例，复习中要侧重复习。同时，2010 年是我省新课程高考的第一年，要特别注意加大新增课程内容的复习，如导数在解决函数单调性上的应用，理科的用向量的方法解决立体几何问题，解析几何的轨迹问题及与函数数列结合问题等，要增加一定的广度和深度。此外，新课标教材增加的内容还有全称量词与存在量词、幂函数、函数与方程、三视图、算法初步、几何概型、合情推理与演绎推理、线性回归等，这些内容要着重复习。

第十节　高三数学复习要强化数学核心素养

核心素养在高考试题中体现的力度在逐年加大，因而高三复习阶段要注意用核心素养理念统领高三复习全过程，在数学学习与复习中，应该注意抓住数学学科的本质特征，提纲挈领，才能提高复习效率。

数学核心素养主要体现在四个方面：一是数学抽象，高中数学有很多抽象的概念、符号、公式、定理，都需要同学们详细理解它们的含义和应用；二是数学推理，高中数学重视数学知识的理论性和知识体系的完整性，数学解题过程实质上就是数学想象和推理的过程，分析题意要细致入微，思考问题要严谨灵活；三是数学证明，高中数学强调推理论证能力，学习中要注意养成言必有据及适时进行证明的习惯，避免模糊和含混；四是数学建模，即建立数学模型解决数学问题和实际问题，学习中要掌握好这些模型的特点和规律用于解决相关问题。

经过高一高二的数学学习，同学们对数学有了一定认识，但仍然有同学成绩不理想，其原因有多方面，有的同学可能是基础知识和基本数学方法有欠缺，有的同学可能是分析题目时没有养成严谨细致等一些好习惯，粗心大意，马马虎虎造成考试丢分，等等。想要在高三复习中迅速提高数学分数，笔者给出如下建议。

1. 相信能学好数学。信心是学好数学的最重要因素，有些同学数学学不好，就是因为觉得数学太难，缺少学好数学的决心，从而失去了钻研的信念，上课时听讲不认真没有耐心，就会造成知识点越落越多，课上没听懂，课后做题时就缺乏基本解题技能。即使在高一高二两年中学习成绩较好，到了高三复习时，由于要做的题的综合性高，从而题目难度加大，也会遇到一些困难，这些都需要树立攻坚克难的信念才能在高三学习中取得更大的提升。即使是数学基础比较弱的同学，只要有信心、用心学、不放弃，也会逐步提高自己的成绩，经过高三的不懈努力，也会取得理想的高考成绩。

2. 阅读教材弄清楚基础知识。越是临近高考，越要注意回归课本，但有部分考生通常是"舍本逐末"，在还没有完全掌握教材的情况下，就追求刷题的数量，尤其是漫无目的的做题，往往就会陷入原步踏步的境地，解题技能和分析判断的能力没有多少提高，在遇到"难题"时没有思路，长期如此刷题，就失去了对数学学习的兴趣与钻研探索的信心，甚至陷入迷茫。这类考生在高三复习阶段，建议先回归教材，把基本知识梳理清楚，基本题型和解法要理解为主，不生搬硬套，把分析思考作为解题的宗旨。

基础知识追求"熟"，记住和背诵不是目的，要在思维能力上下功夫。不仅要记住基本概念和公式，更要达到一定的熟练度，因为考试时要求立刻提取这些知识用于解题中，如果对数学基本公式基本概念掌握的不是十分的"熟"，就不能灵活运用，也就等于没有掌握。所以高三复习中尤其要注意养成阅读习惯，仔细读教材内容，思考知识体系的各种问题，理解知识的来龙去脉。

3. 在分析与琢磨中提升思维能力。数学思维能力来自思考，经常对于数学概念、数学问题进行思考，分析知识的前因后果，琢磨数学题的破解方法，在琢磨中提高思维能力。高三复习一定要学会自主学习，自觉主动去做练习。

4. 学会总结与整理是学好数学的关键。学习数学要总结出"知识网络图"，做题后要总结解题的方法，总结失误原因，避免再犯类似错误，理解知识的系统性和内在逻辑关系，包括对知识的产生、发展、研究过程的理解，在头脑中形成知识结构网。尤其是一些重点知识的结构，要系统化、结构化、具体化，要熟练掌握公式使用的条件和适用范围；数学学得好的人，一定是善于总结的人，在学习中要注意把自己的感悟包括失误及时总结。

比如三角函数单元的复习，首先，熟练记忆三角公式是解三角函数问题的基础。建议同学要下大力气掌握好这些公式包括公式推导过程。其次，化简是解三角函数问题的基础方法。要掌握好几种三角化简的方法，这是学好三角的突破口。再次，解三角形问题，其主要的方法是建立方程模型。包括正余弦定理和面积公式的选择使用、平面几何知识的运用、三角形的性质、三角关系式化简等，综合性比较强，要掌握几种常用的基本方法。最后，对于三角函数图象的内容，要理解 A，w，φ 的含义、几何意义，重点理解好周期性，建议同学在阅读教材中的这部分内容上下功夫。

数学概念和公式追求"细"，注重细节是数学的基本素养。粗心大意、模糊不清都是造成失分的原因。有些题目不考能力，就是细节决定成败。分析题目追求"变"，看到题目先分析，把握隐藏条件，注重条件的变形后使用，公式变形后回来做题，都是数学做题的常用招数。学好数学用好"形"，数量关系图形化，方程关系曲线化，都是高中数学常用思想。在做题中，用好图形能使做题变轻松。

德育篇

　　本篇将若干教学中学生的学习生活作为案例进行叙事研究，揭示学生的心理活动和意志品格等个性特点，倡导因人而异的个性化教学。在学习过程中，教师要激励学生大胆探索，敢于创新，培养学生养成严谨坚毅的科学精神。

教学主张：

学生的每一个行为细节，都应该受到重视。

学生的一点点进步，都是教师的喜悦。

教师本身，时刻都是学生的榜样。

第五章　德育教育的案例与研究

第一节　课堂上的一次"意外"收获

事情发生在一次高一数学课上，这节课是一节复习课——充要条件与必要条件。讲解其中一道习题时，出现了"意外"。

题目是这样的：若 p：$|3x-4|>2$，q：$\dfrac{1}{x^2-x-2}>0$，则 $\neg p$ 是 $\neg q$ 的什么条件？

课堂教学按照笔者事先设计好的思路顺利进行着，其解法是：由 p：$|3x-4|>2$，得 $p\left\{x\,\middle|\,x>2\ 或\ x<\dfrac{2}{3}\right\}$，从而 $\neg p=\left\{x\,\middle|\,\dfrac{2}{3}\leqslant x\leqslant 2\right\}$，同理，由 q：$\dfrac{1}{x^2-x-2}>0$ 得 $q=\{x\mid x>2\ 或\ x<-1\}$，$\therefore\ \neg q=\{x\mid -1\leqslant x\leqslant 2\}$，$\therefore\ \neg p\subseteq\neg q$，$\therefore\ \neg p$ 是 $\neg q$ 的充分而非必要条件。

讲到这里，笔者很得意地正要小结这类题的解题通法时，一位学生突然站起来，并喊出一句"我有一种解法"。笔者心想："这类题还能有什么其他不同方法？即使有，也一定是大同小异，不会有什么新招！"本想让他坐下，继续上课，但转念一想，"让他试着做一下也没有多大关系"，于是该学生高兴地讲了他的下面解法：

$\because q$：$\dfrac{1}{x^2-x-2}>0$，

$\therefore\ \neg q$：$\dfrac{1}{x^2-x-2}\leqslant 0$，即 $x^2-x-2<0$，

$\therefore\ \neg q=\{x\mid -1<x<2\}$，

由 p：$|3x-4|>2$，得 $p=\left\{x\mid x>2 \text{ 或 } x<\dfrac{2}{3}\right\}$，从而 $\neg p=\left\{x\mid \dfrac{2}{3}\leqslant x\leqslant 2\right\}$，由于此时 $\neg p$ 与 $\neg q$ 互不包含，故 $\neg p$ 是 $\neg q$ 的既不充分也不必要条件。

殊途不同归！

两种解法似乎都无懈可击，这是笔者事先没有预料到的，一时不能立即给出判断。此时，教室内如风吹水面，学生们开始窃窃私语，继而"波浪"渐起，课堂秩序开始"乱"了——学生们议论纷纷、争论不休。面对这突如其来的"意外"，该怎么办？

最后，笔者决定让"学生讨论起来"。课堂开始偏离预先的设计，让学生们继续"乱"下去——课堂进入热烈的讨论中——局面沸腾起来了。虽然这节课"跑了题"，也"浪费"了一些时间，但最终经过师生的讨论和辩论，澄清了问题。

原来学生的解法错在求 $\neg q$ 时，漏掉了"$x^2-x-2=0$"这个条件，导致否定一个命题时不彻底、不全面，因为 q 中包含着"分式有意义，分母不为零"这个隐含条件，其否定当然有分母为零了。

进一步挖掘得出：（1）解题时应注意隐含条件；（2）本题的一般规律是什么？经过讨论得出下面多种解这类题的方法：

从等价命题的关系看，"若 p，则 q" $\Leftrightarrow$ "若 $\neg q$，则 $\neg p$"；

从否定的意义解题，先求"$\neg q$"及"$\neg p$"；

从集合的关系来解题，先求"$\neg q$"，"$\neg p$"集合间的关系；

从充要条件的定义来解题，论证推出"$\Rightarrow$"关系；

从"简易逻辑""集合""等价命题""充要条件"的交叉点上来思考。

一场"风波"平息了，这次"意外"使师生得到了意外的收获，笔者愉快地走出了教室。

反思这节课，笔者深有感触。

第一，庆幸自己没有阻止该学生的发言，否则会错过一次探究的良机。本节课学生的错解，带有一定的普遍性、典型性，应列为本节课的一个难点，要着重突破。为师者应该善待学生的思维火花，善于捕捉能激起学生思考和发展创新萌芽的良机。

第二，提倡课堂上让学生动起来，"动"与"静"不应停留在课堂表面现象上。有秩序的"静"，可能学生们正在积极思考，而课堂上表面的"乱"，也可能是学生们正在议论和争论他们心中关切的知识聚焦点，本节课出现的争论中的"乱"，是学生跃跃欲试，要主动探究的外在表现。此时，教师就要把握好时机，该"放手"时就放手，适时地把课堂交还给学生。

第三，要真诚地面向学生，真诚地善待科学，不可为保住教师的面子而损伤学生在学习思考中的创造性。通过这次意外，让笔者感到在教学中，要重视学生的"意外"发现，尊重学生们的"突发奇想"，并及时激励学生的创新行为。在本节课中，笔者真诚地表扬了该学生，因为他认真地思考了，并且给同学们提供了辨析正误的良好素材。

第四，数学学习本应是学生自己建构数学知识的过程，学生是数学学习的主人，教师是数学学习的组织者、引导者与合作者，课堂是"对话的场所"，而不是单向灌输的"会场"。课堂中，师生是平等对话关系。教学虽然是一种有目的、有计划、有组织的创造性活动，但在教学活动中，教师要依据教学实际，灵活调整教学进程，避免一言堂，要多从学生角度来思考，应随时注意捕捉和珍视学生的思维生长点，因势利导，关注如何充分发挥学生在学习过程中的主动性、积极性和创造性，使课堂成为真正的和谐课堂。

第五，学生在数学知识的学习中，主要是接受已有的数学知识，以及数学思想方法、技能技巧等。这些都是可以传授的，但在学习过程中，对数学的感受，却是无形的重要的内容。所以说，数学学习的过程，应当是学生思维上高度参与的有意义的思维活动过程，而不是机械地记忆背诵过程。教学中处理好知识的系统学习与"问题解决"式学习的关系，就应该大力施行探究式学习、合作学习。对于教师"教"的习惯问题，总有教师认为学生就该"安静地听讲"，有声音的"学生说话"的课堂就不是好课堂的表现。事实上，学生的自主学习，主要是数学思维的自主。对于课堂上教师的讲解与学生的独立思考问题，应本着数学学习需要学生的主动思维。当然，教师的适当讲解很有必要，教师应当对如何讲解精心设计，把改革的基点放在使全体学生都能独立思考上，使讲授式课堂与活动式课堂相结合，使得接受式学习和发现式学习结合起来，形成互补，从而改变学生被动接受的局面。

平时的课堂教学，因为过分强调教师的讲，学生思维就缺乏创造力。要培养学生的创造力，就要让学生在学习的过程中，经历知识的发生发展过程和知识的应用过程，就要多在课堂上引出一些"风波"，来搅动学生思维的琴弦，让每一个学生在学习中情感态度积极，理性精神向上，促进不同层次的学生都参与学习活动，激发参与兴趣。兴趣是推动学生学习的一种最实际的内部驱动力，因此，在课堂教学中，教师要注意运用各种机会，让学生动脑、动口、动手去探索和发现，使教师真正成为引导学生学习的向导和帮手。

第二节　数学课上一件真实的"怪事"
——有感于美国的数学课

美国，数学课是怎样上的？

我们学校有位英语教师去美国的一所学校考察，回来给我们讲了他亲眼看到的一件数学课堂上的真实"怪事"。

有一位小学一年级的教师，讲课时出了一道题，发生了这样的对话：

老师问："3＋2＝?"

一名学生回答："3＋2＝1"。

教师面对学生这样的回答，略微沉默了一下，然后慢条斯理地回应道："你的回答——有一定道理，我认为啊，3＋2＝5更好些啊。"

随后，学生纷纷喊出他们心中各自的答案，有回答"等于2"的，有回答"等于3"的，说什么结果的都有。教师对答对的给予肯定，对答错的没有给予"错"的评判，反复回应说："你的回答有一定道理"。

课后，我们的教师不解那位教师是怎样想的，于是就问美国那位上课教师。可是美国那位上课教师却说："你去问问那个回答问题的学生吧。"

我们的教师真的去问了那个学生。结果那个学生用手指比划说："3个、2个，就是1呀。"

要不是我们教师说这是他亲身经历的课堂，笔者无论如何不会相信这是真的。"你的回答有一定道理"这不正是我们需要的教学理念吗？

笔者听完这个故事，陷入了沉思。

感想一："3＋2＝?"这个故事，不禁联想到我们的数学课堂

试想：如果在我们的课堂里出现了这样的事件，而又恰巧是"公开课"，大家会对这个讲课的教师给出怎样的评价呢？善于"求真"的教师们绝不会认同这种"糊涂"教师的做法的，甚至给该教师以"误人子弟"的评价吧。诚然，数学是精准的，是不容模糊的，这是学科特点决定的，我们的教师讲究精确是对的。但是"宽容"地对待学生的回答，是我们该向这位美国老师学习借鉴的地方，尤其在起始年级学数学，更应保护学生的"胡思乱想"，尊重他们的"小心思"。自尊心是需要我们教师"宠"出来的，即使是"离经叛道"的想法，也应有所保护而不是无情的否定。

感想二：创新型人才的培养与教师的教育方式是有关的

在倡导学生素养发展的今天，我们教师能否真的站在学生的视角里来思考问题呢？笔者深深体会到了分数不等于教学效果，成绩不能完全衡量教育质量。教育教学的评价，有许多方面是不应该用定量的方法来考核的。在教学活动中，大多数的评价应该是定性分析的，并且还要经过长期的时间与实践来验证的。在自我评价时经常有教师说"我教的班分数高"，其实分数高不等于教育质量完全好，有时分数高可能是短期的。当然，分数低也绝不是好的教学。要辩证分析和对待，因为教育是培养人的，具有特殊复杂性。对待学生要让学生享受生成的教育，得到素养的发展。

感想三："学困生"是怎样炼成的？教育如何面对全体学生呢？

我们在教学中往往喜欢那些学习成绩好的"学优生"，偏爱那些不给教师找麻烦的老实学生，即使成绩不好但会让教师开心的学生也会受到关注；对喜欢捣乱的淘气学生，教师往往以管制的态度来对待，对"愚笨的"、没有好的学习习惯的"学困生"，教师就更没有耐心和信心了。

有时我们在不经意间可能直接或间接地使一些学生成为学困生。对待我们的教育教学的对象，经常是没有面向全体，没有正确地对待他们的心声。教师在课堂上，或一言或一行，暗示了或伤害了一些学生的学习自信心，有时可能就因为一句话就造成了一个或多个学困生。此外，在教学研究中，我们可能没有较多的精力去研究"学困生"，也缺少诚心去精准帮扶他们，这或许与我们的教学目标单一、教学过程"一刀切"、缺失个性差异关注、追求分数成绩的理念有关系。我们应该从培养人的全面发展目标出发，面对全体学生落实好核心素养教育理念。

感想四：能围绕一个问题去想、去尝试、去琢磨，就是能力发展的开始

面对一道数学题，一时没能想出答案和解法来的时候，不轻易放弃或避开它，要通过千方百计地思索把它解出来，这个过程培养了耐心与毅力，形成的就是解题能力，养成的就是数学品格。能力立意理念下的数学学习，我们该做些什么？笔者认为，该从敢想、敢做、敢说培养起。平时我们所说的信心、毅力、品质等非智力因素，是学生将来走向社会需要的态度，是数学素养和修养，更是一种精神和风貌，需要我们在学习过程中

加以培养。

感想五：数学品质的炼成在于平时的细致入微培养

在数学课上，学生应该做什么不该做什么，要看教师的要求，但教师的引导是关键。琢磨就是思考的表现，思考了就是好的数学学习品格；学生能尝试自己独立去想问题，就是好的学习习惯和品性。学生课上发表的见解，不要用"标准答案"来刻板地用对错来衡量。"他们的回答也有一定道理"这句美国数学教师的话深解其意，应该肯定学生的思考，不管有多幼稚，只要有一点道理就应该加以肯定，"你很有见解""你的想法不错""按照你的方案做下去"等语言，应该是教师课堂的常用语。

感想六：学生学习中的"发挥"带来的是智慧和创新

智慧来自有创造性的思考，智慧是知识与能力的结合，而数学知识仅仅是数学各概念、工具、基本方法的储备量；智慧是灵活性，针对问题自己有自己的思路，即具体问题具体分析，而不是教条、机械、生搬硬套的思维惰性和惯性。近几年，高考出题常常改变问的方式，发散地设问、倒过来设问，以及开放性的命题，需要的就是学生的探索精神，而很少出只要套公式就得分的考试题，这样的命题方向实质考的是学生的灵活性。

总之，我们在课堂上要设法让学生有兴趣去学习数学、探索数学。我们要放低教学难度，贴近学生实际，教学要从学生可接受的基础开始，对学生学习中的"愚笨"，应抱以"笨得可爱""笨得自然""错得合理"的心态来理解学生、鼓励学生。学生的所谓"笨想法"往往就是最自然最质朴的方法，往往是最容易想到的应该值得肯定。教师需要智慧来对待学生的学习，该清清楚楚的地方就不得马虎，该激励学习的地方教师就该点播思想加以引导，使学生在愉快中经历学习过程，在学习思考中才能启迪智慧发展素养。

第三节　别把理想强加给孩子

高考志愿的选择涉及很多方面因素，要考虑的事情真不少，如学生的自身性格爱好、素质特点、学习特长及高考成绩等，要想到专业特点与行业发展前景等，社会需求等因素也不可不琢磨。填报志愿时，这些因素哪一样忽略了都可能留下终身遗憾。那么学校和家长应该如何做才能给考生支好招做好参谋呢？下面，笔者和家长、考生谈几个问题。

一、学校和家长怎样做孩子的参谋

历年填报志愿时总会出现家长与孩子不和谐的现象：要么是家长做主完全包办代替，孩子一味地依赖家长；要么是学生和家长意见不一致或发生分歧矛盾，甚至是冲突"顶牛"状态；要么就是家长和孩子都没主张，不知道报什么好，干脆把报考推给班主任或其他老师。

笔者认为，在报考中，家长在给自己孩子支招时，要真正地平等对待孩子，做到充分重视孩子的意见、平心静气交流、反复思考论证，不要把自己的认识强加给孩子，更不要把自己当年的理想强加给孩子，也不要放手不管听任孩子。家长在指导孩子报考时要有一定的准备：一是掌握您孩子的性格特点和学业特长；二是对孩子的未来事业和人生方向有个初步规划；三是综合多方信息，研究专业发展前景；四是了解各高校的品牌专业、师资力量和培养学生情况、录取情况、就业情况等信息。

这些方面，家长要认真地有条理地做好归纳，最好和孩子一起研究。同时，家长和孩子也要兼听学校教师和亲友们的建议。

往年总有一些考生，报考时自己不做认真思考，草率了事，对所要报考的专业懵懂甚至盲从，没有自己的长远考虑，给自己留下人生遗憾。比如，有的考生在报志愿时只是听教师说某专业某学校考上的可能性大，没有仔细研究就报考了，可是入学后才觉得该专业不适合自己，但为时已晚。

在这里，笔者建议考生自己要做有心人。在报考志愿前，应该对自己的志愿选择认真思考，思考自己的未来，初步制订自己的人生规划和必要的事业憧憬，有自己的报考主张。但一定要重视家长、亲友及老师的建议，多方面听取信息，综合分析做出决策。

二、报志愿是看专业还是看孩子的兴趣

专业的选择应该保证使孩子的兴趣和专业相和谐，应该本着职业规划在先、专业选择在后的报考原则，选择出适合自己孩子的专业是最重要的——没有最好的专业，只有最合适的专业。

选择志愿时，考生有多种不同类型：有的考生兴趣方向暂时不明确，对自己未来职业没有特定规划，"觉得自己将来干什么都行"。这样的孩子可以多听听教师和家长的主张，尤其家长要担负起参谋职责，为孩子做出

谋划，现实地估测孩子的潜能，评估好孩子的价值取向。

也有的考生自己有独到的想法，能够把自己的性格兴趣与专业结合得很好。这样的考生，家长和教师只要从"旁观者清"的角度提出"仅供参考"的建议就可以了。在考生中，虽然确有一些学生思想单纯、认识问题不够全面、兴趣爱好没有完全定型，家长的把关很必要，但大多考生能够对自己和专业有自己的主意，家长和教师应充分尊重孩子的选择。

另外，在历年的报考志愿中，总有一些考生和家长在"择校"和"择专业"的先后问题上拿不定主意。笔者建议，家长可结合该高校该专业在当地或国内或国际的知名度，以及该校录取分数等方面来考虑。有的学校知名度和就业率好，但其中个别专业却不占明显优势；有的高校的校名不如其他学校，但其中有些专业却在国内或国际知名度很高。这就要考生和家长认真阅读招生简章中的院校介绍，也可通过其他传媒手段尽量多地了解有关信息。

社会需求引领就业行情。填报志愿时考虑就业的前景是必要的，但应该考虑的问题很多，如时效性问题，现在就业好的专业和就业好的学校将来能否一直保持？考生若"扎堆"会不会改变现在的就业行情？等等。建议考生报考时应充分考虑社会发展和行业发展的用人需求，还要考虑考生自身特长来选择专业。目前，许多高校专业界限趋于模糊、口径宽、基础厚，大学一、二年级学完基础课程再分专业，也有的学校允许调换专业等。以笔者的经验看，建议考生报考志愿时要做好如下几件事。

（一）准确定位自己的学习实力

明确自己现在的学习基础、学习特长、学习习惯（如自己是擅长记忆性的学科还是擅长物理化学、擅长数学），并估计自己将来在大学的学习潜能。

（二）正确判断自己的爱好和能力

多听取家长老师的见解，或通过网上查询等渠道了解自己的真正兴趣是什么，进而选择自己感兴趣的专业。这样，在未来的学习中就会扬长避短，发挥自己的聪明才智。建议考生要把自己的爱好和社会的需要结合起来，选择一条自己愿意走的路最重要。

（三）认真研究招生简章，明确录取行情

确认自己的高考成绩在全省的排名，各个高校的录取线和自己的高考成绩的比较等。量力而行来报考是最佳的做法。

（四）明确自己的理想，兼顾就业考虑

实现自己的理想应高于就业期望，填报志愿中应该认识到各行各业都有需求，"干一行爱一行，行行出状元"。有的考生擅长研究，理想是成为高级科研人员或成为科学家，那就可报考相关的综合性专业性强，偏重基础学科的高校和专业；有的考生爱好工程与制造或精于设计等，就可以报考专门的大学，选择操作性强的专业实现自己当工程师的愿望；有的考生爱好语言或文学修养或者喜欢法律等，就可选择偏重人文科学的高等学府去深造；有的考生在就业上愿意到边远地区发挥自己的才干；有的愿意选择自己独立创业当老板，不一而足。总之，考生应该各有各的想法和理由，各自创出自己的一片天地，实现自己的目标。

就业是很现实的问题，但不是人生目标。家长应鼓励孩子、指导孩子要有为实现自己人生价值拼搏的远大志向，这样的报考才是最正确的选择。你的报考你做主，关键看考生自己。祝愿考生通过恰当的报考，实现自己的人生梦想。

第四节　核心素养教育的三个案例

2016 年 8 月，我校开展了核心素养教育理念的学习和大讨论，各个学科组集中研讨，并于 10 月份开展核心素养论坛，目标就是研究探索实施核心素养教育的课堂具体方法和措施。

我们经过学习，认识到核心素养的基本定位是学生在接受相应学段的教育过程中，逐步形成的个人终身发展必备品格和关键能力。数学核心素养主要包括：数学抽象、逻辑推理、数学建模、数学运算、直观想象、数据分析等方面，在数学课堂教学中实施数学核心素养教育应是教师不断探索的课题。

案例 5—1　学生答卷的规范性薄弱，反映了学生学习的基本素养不够

向规范要质量，尤其重视学困生良好习惯的培养和尖子生思维素养的提升。在教学实践中，教师要注重提高学生的答卷书写质量，注意答题步骤的清晰性和周密性，在分析问题时严格遵守题目的要求，学会分析，学会思考等，养成严谨治学的理性思维和全神贯注的科学态度。

案例 5—2　一道函数小题，反映出学生逻辑推理素养的薄弱

逻辑推理是指从一些事实和命题出发，依据逻辑规则推出一个命题的思维过程，主要包括两类：一类是从小范围成立的命题推断更大范围内成立的命题的推理，主要有归纳、类比；一类是从大范围成立的命题推断小范围内也成立的推理，主要有演绎推理。命题是数学结论的主要形式，也

是数学交流的主要内容。因此，逻辑推理是数学交流的基本品质，使数学交流具有逻辑性。逻辑推理表现，发现和提出命题，掌握推理的基本形式和规则，探索和表述论证的过程，构建命题体系，表达与交流。基本特点是知识、能力、态度、价值观等的综合表现。

当前教学中存在的主要问题，教师包办代替、过分干预，"教师讲，学生听"的教学违背了学生的认知规律，对提高教学质量非常不利。课堂教学中一定要防止"告知式"教学和"满堂灌"的教法。

案例 5—3　数学运算真的那么难吗？

运算不准是学生经常出现的现象，尤其在高三课堂教学中，无论一轮复习还是二轮的复习，都有一些学生不能消灭错误、解决容易题解不对的问题，教师要予以研究追根到底。事实上，运算是构成数学抽象结构的基本要素，是演绎推理的重要形式，是得到数学结果的重要手段。科学技术的迅猛发展更加凸显了运算的重要性。运算能力是解决数学问题的基本能力，是数学应用于日常生活的基本技能。

运算能力要想提高，就要善于在明晰运算对象的基础上依据运算法则解决数学问题的能力。主要包括理解运算对象、掌握运算法则、探究运算方向、选择运算方法、设计运算程序、求得运算结果的能力。能够在简单的数学情境中理解运算对象，提出运算问题，建立运算关系；能够理解运算法则的背景和适用范围，掌握基本的运算法则，根据数学问题特征选择合适的运算法则，解决问题；在运算过程中，能够体会运算法则的意义和作用；能够运用运算验证数学结论。在交流的过程中，用运算的结果说明问题。

通过以上三个案例，可以看出，数学基本素养是学生学习数学的基础。在数学课堂教学活动中，我们要把它作为一个重要课题，深入探究不断探索，培养学生核心素养有利于学生提升数学抽象、逻辑推理、数学建模、数学运算、直观想象、数据分析的能力，有利于学生培养理性思考问题的习惯，有利于学生养成实事求是、一丝不苟的科学精神。

第五节　我们怀着教育家的梦想前行
——在吉林省长白名师及省名师工作室主持人培训开班仪式上的发言

今天，我能够代表全体吉林省名师工作室主持人和首批长白山教学名师在这里发言，感到非常荣幸。

"吉林省名师工作室主持人"和"长白山教学名师"，是令全省教师羡慕的崇高学术称号，经过层层筛选和严格选拔，我们成了这两个团体中的一员，感到非常荣幸，我们格外珍惜这一称号。在此，感谢吉林省教育厅各位领导高瞻远瞩的决策。这个决策给了我们能够成为吉林省教师队伍中的佼佼者的机遇，令人振奋；还要感谢吉林省教育学院的各位领导，他们为我们构建了名师工作室和长白山教学名师这一"引领带动、核心辐射"的教研平台，也为我们搭建了能充分展示我们教学本领、施展我们的才能与智慧的舞台，为实现我们做教育家梦想架设了桥梁，为我们创设了能实现我们教师个人社会主义核心价值观的一片新天地。

在此，我们也感谢为这两个项目付出辛勤努力的管理者和指导老师们！感谢你们在吉林省名师工作室的建设与发展及长白山教学名师培养过程中，给予我们的各项工作条件的大力支持和业务成长中的具体的指导。

确定我们是名师工作室主持人或长白山教学名师培养对象，这是对我们的一份信任，更是给予我们的一项沉甸甸的历史责任和担当。我们要视荣誉为动力，把信任当责任，绝不辜负省领导的殷切期望和关怀，决心做到以下几点。

一、严格要求，努力工作

刚才厅长的讲话，代表吉林省教育厅对我们肩负的任务和我们的业务成长都提出了具体的要求，对我们寄予了殷切期望，我们要谨记在心，在今后的工作中认真对照，重在落实。我们要认真完成"长白山教学名师"培训期间的各项学习任务，刻苦用功，使自身业务素质，大幅度快速提升，要出色完成名师工作室主持人的各项工作。

二、加强学习，提升素养

虽然我们在教育教学方面取得了一些成绩，但距离名师标准还有一定的差距，我们要树立终身学习、终身研究的理念，坐得住板凳、耐得住寂寞，多读书，多思考，多研究。在我们当中，有来自吉林省各地的名师高手，可谓精英荟萃，我们要虚心学习互相借鉴，共同进步共同提高。我们一定要努力积累名师工作室主持人的工作经验，发挥好名师工作室的职能，认真参加长白山教学名师的各项活动，发挥好长白名师的引领示范作用，提升我们的工作效能。

三、积极科研，多出成果

在今后的教育教学中，要务实创新，把教学研究常态化、高效化、实效化。若从自己所教班级入手，发现问题，深入思考，就能解决一个班级或一个年级的问题；若以所在学校为基本点，开展校本研究，就能解决一个学校教育质量的提高问题；若着眼所在地区乃至全省的学情，开展课题研究，就能为我省教育腾飞做出贡献。

四、发挥名师辐射作用

加强我们的师德师风建设，做新型的"四有"名师，积极参加送课下乡、服务地方等教育活动，为创建大学区实现教育公平化等现代事业做出我们的贡献。热心培养年轻教师，发挥名师引领作用。不但要把我们的教育教学经验，完整地传授给他们，还要对年轻教师的成长全面负责。

总之，我们被聘为"吉林省名师工作室主持人"，就要对得起称号，全身心地投入到教育事业中来，保质保量地完成上级部门布置的各项任务，并在名师工作室以及长白名师的平台上，做出创新性的有益工作，展示我们的华美舞姿。

成为"长白山教学名师"和"吉林省名师工作室主持人"，我们就要怀着做教育家的梦想，疾步前行！努力提高我们的素养和能力，为创新吉林教育努力工作，为培养出更多的社会所需要的全面发展的人才发挥才智，为使吉林省的教育雄踞全国走向世界贡献我们的力量。